班组长案头必备

一流企业看中层　卓越企业看基层

卓越班组长管理手册

（修订本）

代启耀　著

中华工商联合出版社

图书在版编目(CIP)数据

卓越班组长管理手册 / 代启耀著. — 2版（修订本）. — 北京：中华工商联合出版社，2022.8

ISBN 978-7-5158-3508-2

Ⅰ.①卓… Ⅱ.①代… Ⅲ.①班组管理－手册 Ⅳ.①F406.6–62

中国版本图书馆CIP数据核字（2022）第119727号

卓越班组长管理手册（修订本）

作　　者：代启耀
出 品 人：李　梁
责任编辑：李红霞
装帧设计：水日方设计
责任审读：付德华
责任印制：迈致红
出版发行：中华工商联合出版社有限责任公司
印　　刷：北京毅峰迅捷印刷有限公司
版　　次：2022年10月第2版
印　　次：2022年10月第1次印刷
开　　本：710mm×1000mm　1/16
字　　数：160千字
印　　张：15.25
书　　号：ISBN 978-7-5158-3508-2
定　　价：49.90元

服务热线：010—58301130—0（前台）
销售热线：010—58301132（发行部）
010—58302977（网络部）
010—58302837（馆配部）
010—58302813（团购部）
地址邮编：北京市西城区西环广场A座19—20层，100044
http://www. chgslcbs.cn
投稿热线：010—58302907（总编室）
投稿邮箱：1621239583@qq.com

序言

PREFACE

为班组长赋能

在企业中，班组是最小管理单元，也是企业的“细胞”，有战略、产品、资金、品牌等可以让企业做大，有了好的基层管理团队可以让企业做强、做久。

在新时期、新形势下，企业经营环境发生了巨大变化，由高利润到微利时代，面临的挑战越来越大，包括目前的企业用工现象，“90后”“00后”已成为企业用工的主流，在当今“个性膨胀”“彰显自我”的时代，面临新生代的员工，管理者要做好迎接困难的准备。对作为“兵头将尾”的班组长，这也是一个新的课题、新的挑战，所以作为新时代的班组长们除了会做事，还得会“带兵”，身上肩负着重大责任与使命。

班组是公司最基层的管理组织，公司经营战略需要班组进行落地，公司生产经营计划要靠班组来执行，公司的规章制度也要靠班组去组织落实，生产安全需要班组去保证，公司的文化需要班组来建设……班组就像企业的细胞，只有每个细胞健康，整个企业才能健康，才能充满活力与柔性。

目前市场上“高大上”的培训较多，有营销类、股权类、品牌策划类、电商类等多方面的培训，但有关基层班组长的培训却少之又少，而且作为企业基层管理的班组长，基本上没有多少机会去参加企业外面的培训，另外班组长的群体庞大，人数众多，涉及范围很广，所以企业班组长的培训提升是迫在眉睫的事情。企业要想发展更快，步子迈得更稳，是时候该重视班组长这个群体的管理能力的提升了，本书的出版也是基于此目的。

本书从班组长的角色与定位、班组的生产现场管理、班组长日常事项的管理、班组现场的目视管理、班组长的人员管理与培训、班组的品质管理、生产现场的物料管理、订单与生产计划管理、生产现场的安全管理、设备与治工具管理十个章节，系统而详尽地介绍了班组长在日常管理当中所要关注的主要工作内容，采用文字配上图、表的方式，尽量减少文字，其目的就是让班组长一看就懂，一懂就会用，体现了“大道至简”之内涵。

阿里巴巴不断强调要赋能商家、赋能中小企业；腾讯的格局观是“连接一切，赋能于人”；京东到家发布了“零售赋能”新战略；联想则要做“智能变革”的推动者和赋能者，本书的宗旨在于给班组长赋能。

此书不是“雪中送炭”，而是“锦上添花”，是为了打造优秀班组长而写，希望班组长能从优秀变为卓越，建议现在在职的班组长或即将提升为班组长的人员，可参照此书内容进行系统学习，也可以在企业内部以开展“读书会”的方式进行研读与探讨。总之尽可能地将所学习的内容应用于实际工作中，做到知行合一，这也是作者的初心。

代启耀

2021年8月

目录
CONTENTS

第一章
班组长的定位与角色

班组长是公司最基层的管理者，是领导和指挥一线员工完成生产作业任务的管理人员。班组长对下代表公司的经营者，对上代表一线员工，对跨部门来说代表班组，为此班组长既是“兵头”，也是“将尾”，是组织上下沟通的桥梁，也是组织管理工作的纽带。

第一节　班组长的定位

从常见企业的组织架构划分来看（见图1–1），从上到下一般分为四个层级：经营阶层、管理阶层、督导阶层、作业阶层。

经营阶层是指代表公司的股东、董事长和总经理，负责公司经营与公司重大事项的决策，又称决策层。

管理阶层是指公司中层管理者，通常是指部门经理、主管、科长等，主要负责本部门与跨部门的协调工作，保证本部门工作的正常运转。

督导阶层是指最基层的管理人员，即班组长、拉长、领班、工长等，主要是负责公司基层管理工作。

作业阶层是指一线的员工，即作业员，主要是按照公司工作要求，完成本岗位的工作。

从图1–1所示，班组长应属于督导阶层，一方面代表管理层面对员工，另一方面代表员工面对管理阶层。

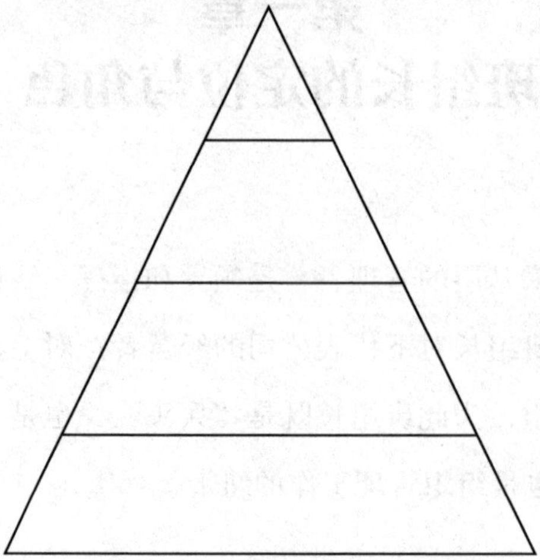

图1-1　公司管理阶层的划分

第二节　班组长的七大角色

1. “领袖”的角色

一个班组就是一个团队，团队的领导者即班组长，应担当班组的“领袖”角色，指引班组的工作方向与工作重点，制订班组的工作计划，按时完成生产任务。作为“领袖”要带头完成本班组工作事项，指导团队成员成长，还要学会激励团队成员，同时还要做班组成员的行为榜样。

2. “教练”的角色

一个班组就像一个足球队或篮球队。一个球队需要一个优秀的教练，才能带好一个球队，并要做好队员之间的分工；另外，一个球队光有优秀的球员，不一定能取得最好成绩，还需要教练制定战术，才能发挥每一个队员的最佳作用，球队才能取得最好成绩。班组长带领基层员工，就类似一个教练带领一个球队，所以班组长要扮演好“教练”的角色，指导与协调员工的工作事项。

3.“裁判”的角色

一个班组在日常运作过程中，员工在作业过程中时常有错误发生，作为班组长要担当“裁判”的角色，对员工出现的问题要做出公平公正的裁决，若处理不好，会影响员工的工作热情与积极性。

4.“医生”的角色

班组员工在工作过程中，难免会存在一些问题，班组长就要像医生一样“望、闻、问、切”，及时发现和找出员工的工作错误，防止问题扩大与蔓延，如生产线上因员工操作不当，导致不良品的产生，班组长就应及时发现与纠正员工的操作错误，避免生产不良品。

5.“教师”的角色

十年树木，百年树人，教师最基本与最突出的角色是知识和技能的传授者，教师在传授知识的同时，还必须向学生进行思想品德教育，并通过个人言行对学生施加巨大的影响。班组长也承担着“教师”的角色，因为班组不断有新员工的进入，新员工上岗前必须进行相应的操作技能的培训，才能满足生产要求，同时在职老员工仍须学习新产品的操作要求，班组员工培训的好坏，会对生产效率产生直接影响；另外面对新一代员工，还需要进行道德、思想、行为与价值观的教育，所以教育好员工是班组长义不容辞的责任。

6.“模范”的角色

最近几年我们国家越来越重视模范的作用，每年有劳动模范、道德模范、最美医生、最好教师等一系列的评选活动，其目的不外乎是树立典型，在全社会形成一股正能量，发挥模范的力量。一个班组同样是一个小集体，同样需要模范，而班组长就是一个班组的领导者，同时还是班组员工心目中的模范，就像我们要求员工每天8：00准时上班，而班组长就应7：50提前到岗，这就是榜样的力量。

7. “厨师”的角色

我们去饭店吃饭，饭店菜品的好坏，是否有特色、色香味是否俱全、服务态度的好坏、环境卫生是否良好，是我们经常去消费的理由。同样的道理，一个班组就像一桌饭菜，制度与流程是否合理、班组长的工作风格是否被员工接受、班组的工作气氛是否积极向上，这些都会对员工产生重大影响，也是留住优秀员工所必须具备的条件，所以班组长要扮演好“厨师”的角色，不断调整自己的管理风格，来适应新一代员工的管理要求。

第三节　班组长与班组员工的区别

班组长作为领导者，同班组员工是有区别的，这种区别可从工作方式、工作计划、工作指令、工作执行、工作责任、人事考核6个方面来说明（见表1–1）。作为班组长，既要了解上级的要求，又要了解员工的期望，做事要公平公正合理、关心下属、明确工作目标、准确发布工作指令、及时指导员工、及时分享工作成果。

作为员工要充分了解上级的指示，以及上级的指示背景、环境和上级的领导风格，否则花了很大力气做某件事，并不一定是上级所期望的，达不到预期的效果。

表1-1 班组长与班组员工的区别

项目＼职位	班组长	班组员工
工作方式	通过员工完成工作	自己直接操作
工作计划	配合上级自行拟订计划	遵照计划执行
工作指令	发出指令	接收指令
工作执行	设法使部属更易完成工作	只对自己的工作负责
工作责任	对班组全体员工负责	只对自己岗位负责
人事考核	以班组集体成果为准	以自我表现为主

结论：班组长不能干员工应该干的事。

第四节 班组长在企业管理中的作用

一、班组的责任与使命

班组长作为基层的领导者，肩负着自身的责任与使命——按照公司的要求完成班组长的各项任务，达成公司对基层管理工作的目标要求。班组长的责任与使命概括为以下6个方面。

1. 保证班组能正常运行

班组是企业中最小的管理单元，班组要按照公司各项要求履行自己的使命，班组长作为小团队的领导，必须保证本班组的各项日常工作能有条不紊地进行，人、机、料、法、环、测量等六大方面必须要全盘考虑，缺少一个环节，就不能保证日常工作的正常开展。

2. 工作计划的具体落实

班组是企业工作计划落实的小团队，公司高层管理负责制订公司经营与战略发展规划，中层管理者负责组织落实公司经营与战略发展规划，而公司的经营与发展规划最终需要班组来执行，班组执行的好坏，关系到公司的全盘发展。

3. 本班组的发展规划

班组作为基层最小单位，为了配合公司与整个大部门的发展规划，班组长每年也应做好本班组发展规划，从生产产能要求、品质要求、人员要求、设备要求、场地规划要求等方面，均要做出全年度规划，让公司能根据班组规划，给予相应资源配置。

4. 解决班组问题

班组作为公司独立承担责任的最小单元，班组运行中会遇到如品质异常问题、人员流失率高、员工操作不熟练、设备故障频发导致产能低下、生产计划不能按照公司下达的时间节点完成、车间产品报废率居高不下等诸多问题。这些均是班组长应努力解决的重点问题。

5. 班组长的团队建设

班组作为一个小团队，团队目标、团队成员组建、团队内部沟通渠道、团队的工作氛围、团队成员间的合作等因素均影响企业目标与班组目标的达成。特别是班组内部要严禁拉帮结派搞小团伙，因为小团伙对团队的伤害是致命的。

6. 人才培养和输送

班组作为公司的最小运营单元，还肩负着为公司的未来发展培训储备人才的责任，尤其是在公司发展过程中需要大批的技术人才，因而储备并输送一定数量的基层管理人才显得尤为重要。

二、班组长应有的职责

班组长的管理职责包括效率管理、纪律管理、设备管理、物料管理、交期管理、成本管理、安全管理、品质管理8个方面（见图1–2）。

1. 效率管理

效率管理是班组长在公司提供有限资源的情况下，通过班组成员共同参与，不断挖掘生产潜能，在保证产品质量的前提下，完成班组的生产计划与产量，保证满足业务订单的交期要求。效率是公司能够持续经营的基本前提，班组应每天统计各工序产量，并进行统计分析，找出提升效率的有效方法，作为班组长应把班组的效率放在首位。

2. 纪律管理

班组的纪律要求是班组完成各项任务的保障，班组纪律通常包括公司的各项规章制度，如公司规定员工上班不准穿拖鞋、上班时间不准玩手机、车间不准带零食、上班必须穿工作服、员工离岗必须佩戴离岗证等。另外，还有班组的一些特殊要求，如无尘车间要戴工帽、戴防静电手环、有一些特殊岗位要戴手套、戴耳塞等，班组长必须自己先做到，同时要求员工也要做到。

3. 设备管理

生产设备是产品之母，只有保证设备正常运转，班组产能才有保证。在班组的生产管理活动过程中，机器设备运转的好坏对生产进度、产品质量的控制等都会产生重大影响，因此管理好生产设备是班组长的主要工作职责之一。班组长应根据设备的特性，编制设备操作指导书与保养规范，并对操作员工进行设备操作与保养要求的培训，要求员工按设备操作指导书与保养规范进行操作，最大程度上减少设备故障，保证设备的生产效率。

4. 物料管理

物料是指生产过程中必须使用的原材料、辅料、配件、半成品等，物料的领用、搬运、储存、标识等按正确的规范进行操作，生产过程中产品的质量才有保证，所以对生产过程中的物料进行精细化管理，是保证产品品质和降低材料损耗率的关键环节。因此，班组长应对生产物料进行分类规范管理，有效控制物料的领、发、退、补，既要管好物料的数量，还要做好物料的现场标识与摆放。

5. 交期管理

班组作为生产独立运营小团队，分担了产品交货期的重任，业务订单能否准时交货，依赖于各班组能否按时按质按量完成生产任务，以及能否保证生产过程各工段的交期。所以各班组应严格按照生产计划部门排好的任务，按时完成。交期管理是班组长必抓的重要事项。

6. 成本管理

班组生产成本是指生产活动过程中所产生的各种成本费用，包括生产过程中的直接物料、辅料、人员工资、水电费、设备折旧等成本费用。生产成本和各种生产费用是影响产品利润的关键因素，因此，班组长应要求班组对生产过程中的物料损耗、生产不良、返工等进行有效的成本与费用控制。

7. 安全管理

“安全是为了生产，生产必须安全。”只有在安全生产的前提下，才能更好地完成各项生产任务。班组长是班组安全的第一责任人，所以班组长既要管理好生产过程，又要管理好班组的各项安全事项，杜绝、减少或避免安全事故的发生，最大限度地减少各种安全事故所造成的损失。班组长要在日常工作中，对班组员工不断进行安全教育和安全知识培训，监督并管理好班组的水、电、化学品的使用及高空作业、高温作业、特种设备的安全操作等。

8. 品质管理

班组既是产品生产的直接部门，也是品质管理的直接部门，班组长是产品质量直接管理者。产品质量的好坏，决定了企业的竞争能力和经济效益，也决定着企业的生存与发展。班组长要做好班组的质量管理培训工作，重视生产过程各环节的质量管理，对生产过程中出现的品质异常进行分析，不断提升班组的产品质量管理水平。

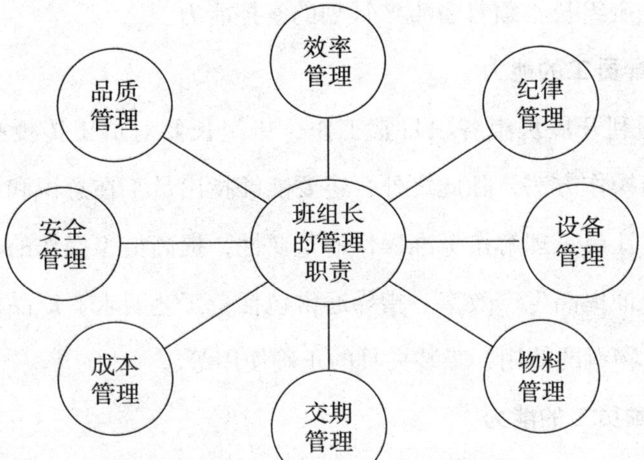

图1-2　班组长的管理职责

三、班组长应具备的能力

班组长作为基层班组的负责人，既要具备产品生产的专业能力，同时还要具备带领团队的领导能力，因此班组长必须具备以下管理能力。

1. 沟通协调能力

班组长作为基层管理者，对上级要汇报工作的完成情况，对下要管理好员工，还要与公司跨部门之间进行必要的工作交流，其中很多问题，都需要班组长进行沟通协调才能解决。良好的沟通能力能减少摩擦，提升士气，有助于对上对下建立信赖关系，因此班组长良好的沟通能力是必要的。

2. 生产计划管理能力

班组是公司生产的最小单位，按上级或公司要求完成生产任务是班组长的首要任务，对生产计划的管理要细分班组各个工位及各个员工，对每天的生产计划目标的达成情况要进行严密的监督管理，这样才能保证准时交货，因此班组长必须具备生产计划的掌控能力。

3. 指导员工的能力

为了顺利开展班组各项日常工作，班组长要对员工传授必要的生产作业知识与操作方法，除此之外，还要能够指出员工在意识和行动上的不足，并且要让员工理解按标准操作的重要性，提高员工操作的熟练程度，这样才能保证提高生产效率。指导通常包括：工艺要求、产品标准、设备安全操作、物料的使用、工装夹具的正确使用等。

4. 激励员工的能力

要让员工充分发挥自己的能力并努力去完成工作，让员工由“要我做”转变为“我要做”，实现这种转变最好的方法是对员工进行激励，让员工体会到自己的重要性和工作成就感。优秀的班组长不仅要善于激励员工，还要懂得自我激励。自我激励可以缓解工作压力，可以把压力转变成动力，增强工作成就感。

5. 解决生产现场问题的能力

生产线的各类问题时有发生，班组长应具有发现问题的意识和预防问题发生的能力，一旦发现问题，应立即开展问题现状分析，找到原因，全方位思考对策，提出合理的解决方案，直至问题得到彻底解决。

6. 工作组织能力

为了达到预期的目标，班组长要利用班组每位成员的个人特点进行任务分工。要按照P（Plan——计划）、D（Do——执行）、C（Check——检查）、A（Action——总结纠正）的工作模式来开展各项班组工作。

7. 自我约束能力

班组长是班组的带头人，对公司的各项行为规范班组长要带头执行，成为员工的表率。“己所不欲，勿施于人。”班组长要全面了解自己的长处与短处，努力学习新知识与提升个人人格魅力，成为一个魅力型的班组长。

8. 班组工作氛围的调节能力

具有幽默感的班组长能使员工体会到工作的愉悦感，在一些尴尬的场合，恰当使用幽默的话语也可使工作气氛变得轻松起来，不会让员工感到难堪。

四、班组长应有的良好心态

心态，简单地说，就是心理状态。例如，一个富家子弟，突然有一天变得一无所有，此时他有两种选择：一是颓废，让自己的处境变得更糟糕；二是振作，让自己的生活变得更美好。而决定他选择的，就是他的心态。一个心态良好的人，无论面对的是什么样的处境，都可以很好地解决所面临的问题，所以心态决定成败。

具有良好心态的人，在生活中，无论顺境，还是逆境，都能够泰然处之，沉着应对，做到宠辱不惊、临危不乱。碰到高兴事时，不会欣喜若狂、忘乎所以；遇到烦心事时，也不会牢骚满腹、心情沮丧、萎靡不振。

案例

老太太的烦恼

老太太有两个女儿，大女儿是卖雨伞的，二女儿则靠卖草帽为生。一到晴天，老太太就唉声叹气，说："大女儿的雨伞不好卖，大女儿的日子不好过了。"可一到雨天，她又想起了二女儿，说："又没有人买草帽了。"所以，无论晴天还是雨天，老太太总是不开心。一位邻居对老太太说："雨天你想想大女儿的雨伞好卖了，晴天你就想二女儿的草帽生意不错，这样想，你不就天天高兴了吗？"老太太听了邻居的话，天天脸上都有了笑容。

结论：其实任何事情只要你从多个角度去看，就会得到不同的结论。生活总是充满矛盾的，因此我们要学会转换思维，主动寻找快乐的源泉。

作为一线的班组长只有保持良好的工作心态，才能带好班组的员工。我们常说"积极的心态像太阳，照到哪里哪里亮；消极的心态像月亮，初一十五不一样"。

在知识、技能与心态的关系中（见图1–3），知识与技能解决的是会

图1–3 知识、技能与心态的关系

不会干的问题，不懂可以学，而心态才是根本的决定条件，解决的是愿不愿意干的问题。阳光的心态是积极、知足、感恩、客观的一种心智模式，有什么样的心态，就会产生什么样的工作行为。心态决定行为，行为决定结果。

第二章
班组的生产现场管理

现代管理学对生产现场管理的定义是指用科学的标准和方法对生产现场各生产要素，包括人（员工和管理人员）、机（设备、工具、工装夹具）、料（原材料）、法（加工、检测方法）、环（环境）、信（信息）等进行合理有效的计划、组织、协调、控制和指挥，使其处于良好的结合状态，以达到优质、高效、低耗、均衡、安全、文明生产的目的。

要达成有效的生产现场管理，班组长必须明晰工作任务，同时需掌握一定的管理方法与技巧，对生产作业过程进行科学的管理与改进。

第一节　现场管理的基本内容

一、现场管理的6大任务——PQCDSM

1. P：Productive（生产效率）

（1）编制好《生产日计划》。

（2）人员培训与合理分工。

（3）做好设备、工装夹具保养，减少设备故障。

（4）跟踪物料及时到位。

2. Q：Quality（品质）

（1）按《标准作业书》的要求作业。

（2）进行工序诊断，预防不良品发生。

（3）尽可能改善工序布局，提高工序能力。

（4）将以往的经验、教训反馈到将来的新机种里。

3. C：Cost（成本）

（1）在标准工时内，完成生产数量。

（2）减少材料、半成品、成品的在线库存量。

（3）进行员工操作动作分析，提升员工个人产能。

（4）杜绝滥用办公经费。

（5）杜绝各种白干、瞎干、蛮干的行为。

4. D：Delivery（交期，是指生产管理中的时间管理与控制）

（1）编定《生产日计划》，管好生产进度。

（2）适当调整工序，平衡工时。

（3）确保材料准时到位。

5. S：Safety（安全生产管理）

（1）强调安全守则，必要时可强制执行。

（2）必要时请专家会诊，提出改善方案。

（3）定期检查各种安全防护措施有无失效。

（4）万一发生事故，第一时间组织救援，并向上司报告。

（5）照明、温湿、噪音、气味等符合要求。

6. M：Morale（员工士气，实际上就是人的管理）

（1）制定奖惩鲜明的制度，鼓励提出合理化建议。

（2）以身作则，率先示范，发挥领导效应。

（3）关心部属身心健康，维系良好的人际关系。

（4）鼓励部属自修，相互学习，并适时奖励。

（5）不遗余力推进“5S”活动。

根据PQCDSM生产管理的六大任务，我们把班组长的生产现场管理从管理内容（人、机、料、法、环）和管理方法（计划与控制）两大方面进行了汇总与对比，明确了六大任务各自重点管理的内容（参照表2-1）。

表2-1　现场管理任务

现场任务			管理内容					管理方法	
			人	机	料	法	环	计划	控制
1	生产效率	P	◎	◎	◎	◎	◎	产能分析与派工	余力分析
2	质量	Q			◎	◎		制程品质控制	品质
3	成本	C			◎	◎		成本降低	减少浪费
4	产量交期	D	◎	◎	◎			生管作业	交期管理
5	安全	S		◎		◎	◎	5S管理	定期保养
6	士气	M	◎	◎			◎	全员参与	教育培训

二、生产现场管理的目标——PQCD

生产现场管理的目标是指生产班组所有人员通过不断丰富自己的知识、提高自己的技能、改善自己的工作态度，努力创造良好的工作环境及工作机会，不断提高生产效率、提高产品质量、提高员工士气、降低成本以及保证交货期和安全生产的结果和行为。

生产部门的职能就是根据企业的经营目标和经营计划，从产品品种、质量、数量、成本、交货期等市场需求出发，采取有效的方法和措施，对企业的人力、材料、设备、资金等资源进行计划、组织、控制、协调和指挥，生产出满足市场需求的产品。

PQCD主要分为以下四大主要方面。

1. 效率（P：Productivity）

效率是指在给定的资源下实现产出最大化，也可理解为相对作业的目的所采用的工具及方法，是否最适合并被充分利用。效率提高了，单位时间人均产量就会提高，生产成本就会降低。

2. 品质（Q：Quality）

品质，就是把顾客的要求进行分解，转化成具体的设计数据，形成预期的目标值，最终生产出成本低、性能稳定、质量可靠、物美价廉的产品。产品品质是一个企业生存的根本，对于生产班组长来说，品质管理和控制的效果是评价其生产管理绩效的重要指标之一。所谓品质管理，就是为了充分满足客户要求，集合全体员工的智慧、经验等，活用所有组织管理体系，实施班组管理的改善，从而达到品质优良、准时交货、低成本生产、最优质服务的目标。

3. 成本（C：Cost）

成本是产品生产活动中所发生的各种费用。企业效益的好坏在很大程度上取决于生产成本的高低，如果生产成本所挤占的利润空间很大，那么相应的企业的净利润就相对降低。因此，班组长在进行绩效管理时，必须将成本管理作为工作的主要内容之一。

4. 交货期（D：Delivery）

交货期是指准时送达客户所需数量的产品或服务。一个企业即便有先进的技术、先进的检测手段，能够确保所生产的产品质量，而且生产的产品成本低、价格便宜，但是没有良好的交货期管理体系，不能按照客户指定的交货期交货，直接影响了客户的商业活动，那么客户也不会购买你的产品。因此，交货期管理的好坏是直接影响客户进行商业活动的关键，不能严守交货期也就失去了生存权。

第二节　现场管理的基本方法

一、“三现法”

所谓“三现”，指的是现场、现物、现实，就是说，当发生问题的时候，管理者要快速到“现场 ”去，亲眼确认“现物”，认真探究“现实”（见图2-1），并据此提出和落实符合实际的解决办法。这样做的好处是不言自明的，所以，班组长一定要养成这样的好习惯，并且以自己的行动影响企业的其他管理者。

图2-1　现场、现物与现实

1. 即刻前往“现场”

（1）“即刻前往现场”的工作内容

①即时了解发生了什么事？

②什么时间发生？

③在什么地方发生？

④事情已到什么程度？

（2）事情处理前的准备工作

①立即要采取什么行动？

②需要通知哪些人？

③需要哪些部门配合？

④是否需要立即上报上级？

⑤需要采取哪些措施？

2. 即刻了解现场实情

主要工作要点如下：

（1）事情发生的程度如何？

（2）是属于什么性质的事情？

（3）已采取了哪些措施？

（4）还需要增加哪些防范措施？

（5）有无人员伤害？

（6）有无进一步扩大的可能？

（7）是什么原因造成的？

（8）发生的详细过程是怎样的？

（9）是否通知了相关部门？

（10）主要责任人是谁？

3. 即刻处理现场的问题

主要工作要点如下：

（1）安全第一，该撤离的就撤离。

（2）尽可能减少损失。

（3）及时通知协作部门前来处理。

（4）尽可能恢复现场秩序。

（5）按正确的决策分步骤进行处理。

（6）过程控制与监督。

（7）及时进行维修。

（8）尽快恢复正常作业。

（9）排除有一切后遗症的可能性。

（10）拟写总结材料并上报。

4. 班组长现场“八字管理法”

“走、接、听、看、讲、指、盯、析”是班组长的“八字管理法”，其目的就是减少现场问题的发生，及时发现现场的工作错误。

（1）“走”

就是多走动，实行循环走动式管理，全面了解现场工作，确保工作安排无缺失，薄弱环节无遗漏。

（2）“接”

班组长在交接班时应对安全隐患、设备运转情况、文明卫生等方面进行排查整改，与接班班组长进行接班前安全再确认，形成无缝衔接，做到风险预防，打造安全生产“保护链”。

（3）“听”

在现场随时听取员工对安全生产的合理化建议，对于有效的建议经讨论分析后及时采纳。

（4）“看”

即认真查看现场的各地点、各岗位，仔细查找不安全因素，时刻“擦亮”眼睛，发现问题。

（5）“讲”

利用班前会对员工的思想、身体状况进行确认，区分不同情况，妥善处理，确保员工上岗作业时身体状况、精神状态良好，并向员工详细讲解安全作业措施要求、作业现场安全状况和注意事项，让员工时刻铭记“安全”二字。

（6）“指”

每到一个工作岗位时，就把发现的不安全因素或隐患指出来，并把最佳的解决处理方法告诉员工，同时限定时间进行整改。

（7）“盯”

现场发生突发问题和发现不安全的地点，要及时盯牢，抓住关键，尽快解决问题。

（8）“析”

在坚持以往成熟和规范做法的基础上，善于总结，举一反三，创新思路，把注重分析结果变为注重分析原因，把事后整改变为事前预防，实现安全生产事故“零”目标 。

二、“三化法”

“三化法”是指作业现场要标准化、规范化、书面化。“三化法”是正确指导生产现场工作的最简单方法，可以使现场管理工作事半功倍，班组长应加以灵活运用。

1. 作业标准化

作业标准化是指按计划目标确保质量、成本与交期的前提下，将生产过程各项作业建立相应的规范与制度，来规范现场各种操作。对班组来讲这是目前最好的管理方法。要使作业标准化，班组长要做到以下几点。

（1）制订各类标准。为了杜绝浪费、不合适、不稳定等现象的发生，应明确现在规定的标准是唯一的作业方法，如果有更好的标准，那就要修订旧标准，形成最新的作业标准。现场的作业标准是指导员工做好各项操作的标准，如工艺操作指导书、设备操作指标书、产品图纸、物料使用标准、半成品检验标准、各种标准化的表格等，班组长应依现场要求，自己制定或由公司其他部门协助提供相关操作标准，有了操作标准，现场各种操作就会变得简单化。

（2）对员工进行标准的培训。有了操作标准，接下来就要对员工进行作业标准的培训，只有进行了一定时间的训练，员工无论是谁都可以进行作业。“磨刀不误砍柴工”，对员工培训是最省力的方法，所以班组长可以利用班组早会或“以老带新”的方式，做好员工标准作业要求的培训。只有员工精准掌握了标准，班组长的现场管理才更加轻松。

2. 现场管理规范化

作业标准是现场生产活动的法规，它是约束作业的规定和条款，因此无论是谁都必须遵守，并且违反了规定就要接受处罚。各道工序、相关部门或间接部门也都必须按规范行事，不能有任何异议。如果作业标准同实际情况不相适应时，应当对规范进行适当修订。

3. 作业要求书面化

作业要求书面化是指将作业标准以文件的形式体现出来，即编制作业指导书，作业指导书起着正确指导员工从事各项作业的作用。作业指导书内容包括“5W1H”：

（1）作业名称——做什么（WHAT）。

（2）操作者——谁去做（WHO）。

（3）作业时间——什么时候做（WHEN）。

（4）作业地点——在哪里做（WHERE）。

（5）作业的目的——为什么这样做（WHY）。

（6）作业方式——如何去做，用什么方法和工具去做（HOW）。

三、5WHY分析法

1．什么是5WHY分析法？

所谓5WHY分析法，又称“5问法”，也就是对一个问题点连续以5个“为什么”来自问，以追究其根本原因。虽为5个为什么，但使用时不限定只做5次为什么的探讨，主要是必须找到根本原因为止，有时可能只要3次，有时也许要10次，如古话所言：打破砂锅问到底。

5WHY分析法的关键所在是鼓励解决问题的人要努力避开主观或自负的假设和逻辑陷阱，要从结果着手，沿着因果关系链条，顺藤摸瓜，直至找出原有问题的根本原因。

图2-2 5WHY分析法简图说明，从问题发生的过去到现在的状况，一

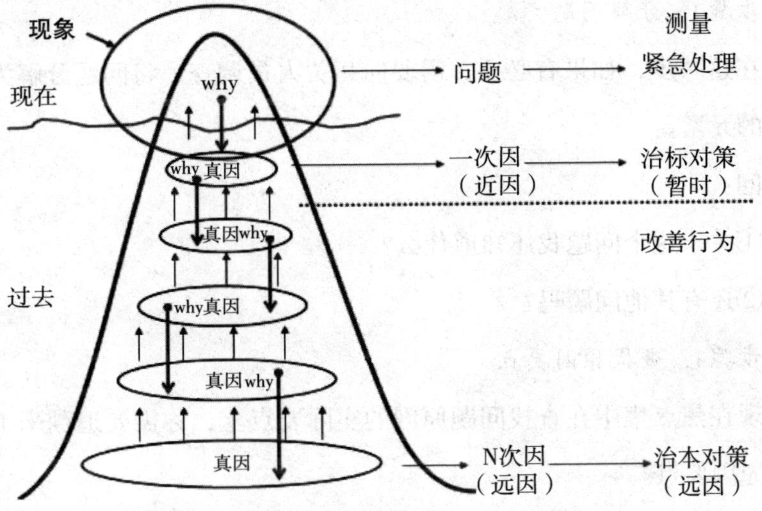

图2-2　5WHY分析法

层一层对真实原因进行追查，连问5个WHY，直至找到真正的原因，并以此为依据来制定问题发生后要采取的紧急措施、治标对策与治本对策，直至问题的彻底改善。

2. 5WHY分析法的基本步骤

步骤1：识别问题

第一步，你开始了解一个可能、模糊或复杂的问题，你掌握一些信息，但一定没有掌握详细事实。

问：

我知道什么？

步骤2：澄清问题

这一步是澄清问题，为的是得到更清楚的理解。

问：

①实际发生了什么？

②应该发生什么？

步骤3：分解问题

在这一步，如果有必要，需要向相关人员调查，将问题分解为小的、独立的元素。

问：

①关于这个问题我还知道什么？

②还有其他问题吗？

步骤4：查找原因要点

现在焦点集中在查找问题原因的实际要点上，你需要追溯来了解第一手的原因要点。

问：

①我需要去哪里？

②我需要看什么？

③谁可能掌握有关问题的信息？

步骤5：把握问题的倾向

要把握问题的倾向，掌握合乎实际的现象。

问：

①谁？

②哪个？

③什么时间？

④多少频次？

⑤多大量？

在问为什么之前，问这些问题是很重要的。

步骤6：识别并确认异常现象的直接原因

如果原因是可见的，验证它；如果原因是不可见的，考虑潜在原因并核实最可能的原因，依据事实确认直接原因。

问：

①这个问题为什么发生？

②我能看见问题的直接原因吗？

③如果不能，我怀疑什么是潜在原因呢？

④我怎么核实最可能的潜在原因呢？

⑤我怎么确认直接原因？

步骤7：使用“5个WHY”调查方法来建立一个通向根本原因的原因/效果关系链

问：

①处理直接原因会防止再发生吗？

②如果不能，我能发现下一级原因吗？

③我怀疑什么是下一级原因呢？

④我怎么才能核实和确认下一级原因呢？

⑤处理这一级原因会防止再发生吗？

如果不能，继续问“为什么”，直到找到根本原因，在必须处理以防止再发生的原因处停止。

问：

①我已经找到问题的根本原因了吗？

②我能通过处理这个原因来防止再发生吗？

③这个原因能通过以事实为依据的原因/效果关系链与问题联系起来吗？

④这个链通过检验了吗？

⑤如果我再问“为什么”会进入另一个问题吗？

确认你已经使用“5个WHY”调查方法来回答这些问题：

①为什么我们有了这个问题？

②为什么问题会到达顾客处？

③为什么我们的系统导致问题发生？

步骤8：采取明确的措施来处理问题

使用临时措施消除异常现象，直到根本原因能够被处理掉。

问：

①临时措施会遏制问题直到永久解决措施被实施吗？

②实施纠正措施来处理根本原因，能防止问题再发生吗？

③跟踪并核实结果，觉得之前采取的解决方案有效吗？

④我如何确认？

⑤为什么一定要建立检查清单？

为确认你已经按照问题解决模型操作，当你完成问题解决过程时，使用这个检查清单。

3. 5WHY分析法案例

丰田汽车公司前副社长大野耐一曾举了一个例子来找出停机的真正原因。有一次，生产线上的机器总是停转，虽然修过多次但仍不见好转，于是，大野耐一与工人进行了以下的问答：

问："为什么机器停了？"答："因为超过了负荷，保险丝就断了。"

问："为什么超负荷呢？"答："因为轴承的润滑不够。"

问："为什么润滑不够？"答："因为润滑泵吸不上油来。"

问："为什么吸不上油来？"答："因为油泵轴磨损、松动了。"

问："为什么磨损了呢？"再答："因为没有安装过滤器，混进了铁屑等杂质。"

经过连续五次不停地问"为什么"，才找到问题的真正原因和解决的方法，即在油泵轴上安装过滤器。

四、巡视法

巡视法是指管理人员深入作业现场，履行管理职责，发现问题并立即解决问题的一种现场的管理方法。现场巡视是在企业各类生产现场进行检查，听一次汇报不如到现场一见，所以班组长要多到作业现场进行"走动管理"。

1. 巡视走动的目的

（1）诊断与确定问题的现状。

（2）及时发现新问题。

（3）找到第一手真实资讯。

（4）增进与基层员工的沟通与交流。

2. 现场巡视的主要做法

（1）定期巡视与非定期巡视

定期巡视就是按固定时间到指定地点进行巡视，如每天上班后半个小时内，要巡视各生产工序一遍，这是一种常规的巡视。

非定期巡视是指不定时到生产现场进行巡视，优点是可以随时对生产现场进行检查，及时掌握生产现场动态。

（2）重点巡视与一般巡视法

重点巡视是对重点环节、重点生产地点进行重点检查，尤其是容易发生问题的地点。一般巡视法就是对生产的各个环节、所有生产地点进行全面检查。

班组长可根据不同情况选择不同的方法，可选择单一方法，也可选择多种方法相结合。

3. 巡视的结果及处理

对巡视发现的问题要随时做好记录，巡视完毕要总结巡视所发现的问题，并及时加以处理。巡视的结果记录主要有以下几个方面。

（1）生产现场是否存在安全问题？

（2）作业人员到位情况，是否有违纪情况？

（3）生产作业秩序是否正常？

（4）是否发生了品质问题？

（5）设备是否可正常使用？

（6）人行通道是否顺畅？

（7）设备保养是否正常进行？

（8）模治具是否正常能使用？

（9）物料是否齐全？

（10）是否有异常情况发生？

班组长在现场巡视时要及时做好巡视记录，在巡视完成后，便于对巡视所发现问题进行跟踪。按照现场巡视记录表的要求（见表2-2），详细记录现场巡视的地点、发现的问题、责任人、班组长与责任人制定问题的解决办法，并确定完成时间。

表2-2　现场巡视记录表

序号	巡视地点	发现问题	责任人	解决方法	完成时间	备注
1						
2						
3						

记录人：　　　　　　　　日期：

第三节　生产现场的5S管理

一、5S是指什么？

1. 整理（SEIRI）

（1）整理的定义：区分“要”与“不要”物品，将不要的物品都清理掉。

（2）意义：按照整治的原则，排好秩序。

（3）活动的重点：

① 确定出实施整理的范围。

②规划出不要物品的暂放区，明确要与不要的标准。

③通过教育培训让全体员工了解不要物品的标准与整理的观念。

④决定实施整理的时间，并将整理工具提前备妥。

⑤明确每个成员负责的区域，依照标准及范围实施整理。

⑥定期不断地实施且定期巡回检查。

⑦整理后，应马上进行整顿工作，二者是连续不可分的。

2. 整顿（SEITON）

（1）整顿的定义：将要的物品进行定位、定量放置好并做好标识，便于拿取和放回，避免“寻找”的浪费。

（2）意义：快速整理，对要的物品进行定位、标识。

（3）活动的重点：

①将必要的物品进行分类。

②依使用频率不同决定放置位置与放置量。

③决定放置方式。

④放置区定位画线。

⑤决定每个放置区物品的责任管理者。

3. 清扫（SEISO）

（1）清扫的定义：彻底清理场所的垃圾、污垢、异物，使其保持干净的状态。

（2）意义：打扫干净。

（3）活动的重点：

①规划清扫责任区域。

②管理者示范，树立样板。

③进行例行扫除，清除脏污。

④调查污染源及污染源发生原因。

⑤建立清扫基准，规范活动。

4. 清洁（SEIKETSU）

（1）清洁的定义：重复地做好整理、整顿、清扫，并形成制度与规范，包含改善的对策及成果的维持。

（2）意义：不污染。

（3）活动的重点：

①彻底实施前述3S，并将清扫阶段的问题点按层别分类。

②针对问题点实施改善对策，并做成问题改善对策书。

③由专门人员负责跟踪问题点的改善，与现场人员一起参与学习讨论。

④制定各类标准书，尤其是安全、品质方面的作业标准应优先制定。

5. 素养（SHITSUKE）

（1）素养的定义：遵守规定的事项，并养成好习惯。

（2）意义：表现出应有的礼仪、礼貌及态度端庄。

（3）活动的重点：

①不定期循环检查，确保各类作业标准彻底作业。

②整个5S活动成败的关键点：

●教育是否彻底；

●主管是否关心。

③全员对自己应做的事，应有能力自订计划表。

二、推行5S的意义与作用

清爽、明朗、安全、舒适的工作环境，激发员工团队意识，提升产品质量，降低生产成本，提升企业形象，最快捷有效的手段是推行5S活动。为了保证5S活动顺利推展，让全员彻底了解5S的目的、作用、推行步骤及其要领，以达公司“持续进步，永续经营”的最高宗旨，本书从8个方面总结了推行5S所要达成的目的（见图2-3）。

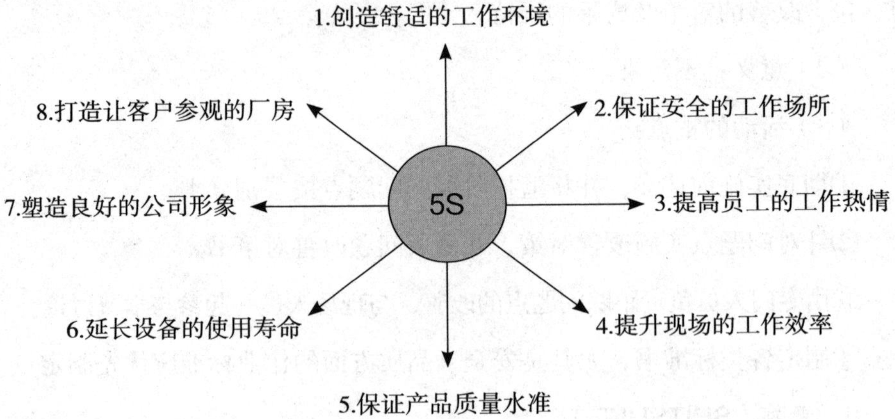

图2-3　推行5S是为了什么?

三、现场推行5S的步骤与方法

1. 5S活动推行步骤

企业要推行5S，必须建立推行小组，由专人负责，可以全职也可以是兼职，可以给有关的管理人员赋予明确的5S管理任务。5S管理不是因为好看而管理的，它可以提高效率，所以没有什么捷径，只有根据公司生产现场的实际情况，一步一步地做，具体推行流程见图2-4。

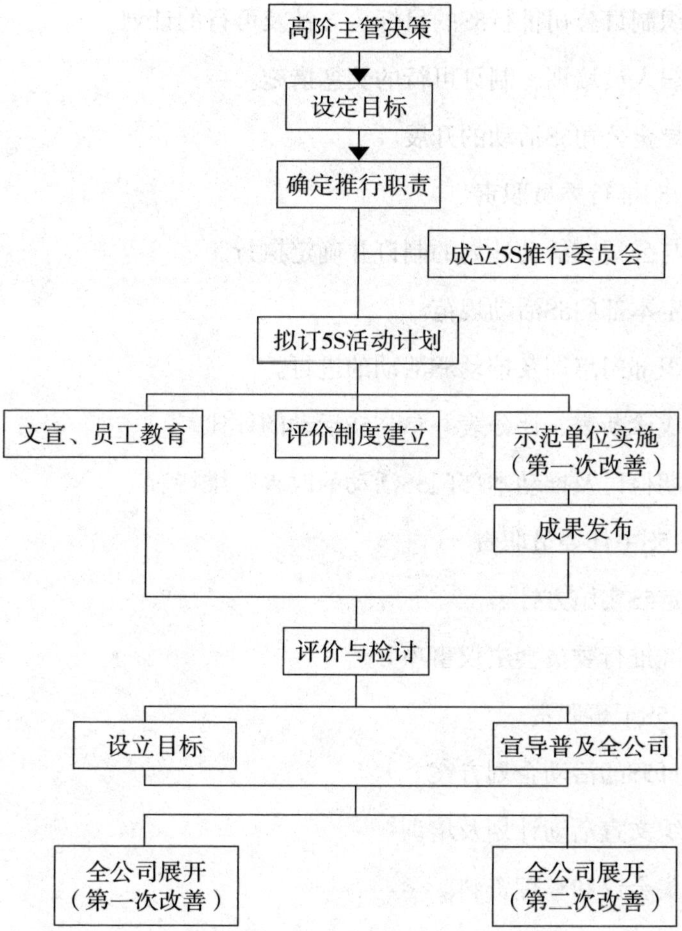

图2-4　5S活动推行步骤

2. 建立5S推行组织

除了建立公司的5S推行委员会外，还应按部门设置推进事务组。公司最高管理者是全体活动总负责人，各职能部门主管是本部门的推动负责人。

3. 确定5S推行组织职责

（1）5S推行委员会职责

①组织制订公司推行5S的目标、方针及可行的计划。

②组织人员培训，制订可行的奖惩措施。

③主导全公司5S活动的开展。

（2）5S推行委员职责

①参与公司5S活动计划的制订并确定执行。

②制定本部门5S活动规范。

③组织部门培训及推动5S活动的进行。

④完成诊断表、评分表并参与5S活动的评比。

⑤定期检讨及推动本部门5S活动的改善与维持。

（3）5S主任委员职责

①确定5S实施方针。

②批准推行委员会决议事项。

（4）5S干事职责

①拟订5S的活动企划方案。

②组织文宣活动计划及培训。

③召集会议和整理资料。

④组织检查、评比及评比结果的统计和公布。

（5）5S改善专案小组职责

①设定改善的主题，组织改善活动的进行，必要时要求技术工程人员参与。

②督导改善活动在设定的目标与期限内完成。

4. 规划5S的责任区域

公司5S推行委员会成立后，首先应明确划分各部门5S责任区域，确定5S责任人员，并张贴公告进行全公司公布。

5. 制定5S推行方针及目标

推行5S活动，要依据企业特点，制定具体可行的推行方法，作为5S活动展开的准则及推行的方向，同样也要预先设定目标，作为5S推行的努力方向及推行成果的对比。

6. 5S活动推行的计划

编制日常活动推行计划表，以保证活动按计划进行。执行期间设定的具体方案，既有要长期计划，又要有短期安排。5S推行计划经推行委员会讨论定案，由主任委员审阅、核准，并予以公布和执行。

7. 制定5S活动实施办法

5S活动的推行与展开，要通过明确的书面规范，让员工了解哪些可做，哪些不可做，怎么做才符合5S精神等。5S活动实施办法包括：

（1）物品要与不要的区分标准。

（2）不要物废弃处理方法。

（3）5S活动评鉴方法。

……

8. 广宣活动与教育训练

教育培训是5S活动推行成败的关键，特别是各推行委员，身为本部门主管，一定要起表率作用，做好本部门的培训老师，让全体员工达成共识。经过一段时间后，5S干事要组织各项文宣活动，进行宣导造势，在全厂范围内张贴标语等。

9. 5S活动试点展开

5S一开始应先选择特定的示范区域，树立样板单位，利用示范单位经验加快活动的推进。在确定试行单位后，5S干事应协助试点单位主管制订试运行方案，并督导做好试运行前的准备作业，主要包括以下工作。

（1）整理活动

按要与不要物品的标准将不要的物品清理掉并进行大扫除。这个步骤未完成，活动不能继续进行。

（2）整顿活动

经过大面积的清理后，建立了清洁的工作场所，此时首先要做好污染源发生防止对策。在实施作业场所或设备的清洁时，同时进行物品的摆置方法的改善，模治具、检测仪器要确定摆放方法及定位，并通过目视管理进行维持与改善。

（3）检查评价

在试点单位整理、整顿开展一段时间后，由5S推行委员会检查试行方案的落实、执行情况，评价活动的实施效果等。

10. 5S活动正式实施

通过对试点部门5S试行结果进行检讨后，确定公司正式实施5S的活动方案及推行办法、推行时间，由主任委员核准后予以公布，让全公司员工了解5S活动推行的进程，活动办法由推行委员会对各委员进行说明，各委员对本部门的员工进行说明。

当5S活动确定全面展开和实施时，公司最高层应召开全体人员举行宣誓大会。

11. 5S活动的诊断与检查

5S活动的整个推行过程，必须对每个“5S”责任区进行定期督导与检查，对活动过程中的偏差及时采取对策进行修正。

12. 5S活动评价

（1）制定评分标准。

（2）5S的评价方法。

①确定评价的频率。

②确定评价的工具。

③确定5S评分计算方法。

④运用目视管理（5S看板）公布5S活动评分。

⑤制定奖罚的规则。

13. 5S活动的检讨与改善

（1）问题点的检讨

5S开始实施时常见以下问题：

①员工积极性不高，甚至有抵触情绪。

②长期的不良习惯难以改变。

③5S的责任区划分不均匀。

④5S评比活动有失公正。

（2）问题点整理

5S干事依5S评分记录表中记录的问题点进行整理，统计各部门的总缺点数量及主要缺点项目，做成各部门重点改善项目，并以5S活动整改通知单传达至各部门，要求在限期内进行整改至验改合格为止。

（3）问题的层别

在5S活动问题点中，可以用特性要因图找出存在的重点问题，针对少数的重点问题进行改善，以促进改善活动的成效。

（4）纳入日常管理活动

5S活动的实施要不断进行检讨改善及效果确认，当确认改善对策有效时，要将其标准化和制度化纳入日常管理活动中。

14. 推行的要领

（1）整理

①工作场所全面检讨。

②制定“需要”与“不需要”的基准。

③实施“红牌作战”（大扫除）。

④不要物品的清除。

⑤每日自我检查。

（2）整顿

①落实整理工作。

②设定放置场所。

③决定放置方法。

④画线定位。

⑤标识。

重点是整顿要做到任何人，特别是新进的员工或其他部门都能够立即取出所需要的东西，对于放置处与被放置物品，要能立即取出使用，使用后要能容易归位，如果没有归位或误放时应能马上知道。

（3）清扫

①划分清扫责任区。

②管理者带头来做（做一个5S样板区域）。

③执行例行扫除，清除脏污。

工厂要将清扫当成一个重大的活动，进行全体大扫除宣传及寻找污染发生源对策；在容易开展的部门先行举办作业场所或设备的清净化活动，树立活动的样板；通过班组活动，做好设备、治具的清扫点检，排除微缺陷，也就是设备的5S；调查污染源，予以杜绝或隔离。

（4）清洁

①彻底落实前面3S的工作。

②将清扫阶段的问题点加以分类。

③针对问题点实施对策，一般将问题区分为自主改善、专责单位及委外厂商改善三大部分。

④自主改善的部分完成后，做成问题点改善对策书，作为今后培训及指定标准书的参考。

⑤委请专责单位改善的问题点，在专责单位进行改善时，应由现场人员一起参与讨论学习。

⑥制定各类标准书、评比方法及奖惩制度，尤其是有关安全、品质方面的作业标准应优先制定。

（5）素养

①持续推动前面的4S活动。

②建立共同遵守的规则或约束。

③将各种规则或约束目视化。

④实施各种教育训练。

⑤违反规则或约束应予以纠正。

⑥接受指责纠正，立即改正。

⑦推动各种积极向上的活动。

15. 拟定5S的推行计划

5S推行小组在推行前应根据公司的实际情况确定推进思路，拟订书面的5S推进计划表，计划表包含推进的项目及步骤和时间段要求等（见表2–3）。

表2–3　5S推行计划表

项目及步骤		准备期间		实施期间				维持期间		
		5月	6月	7月	8月	9月	10月	11月	12月	1月
1	5S推行前协调会议	↔								
2	建立推行组织、方针	↔	↔							
3	宣誓会及海报、宣传活动		↔	↔	↔					
4	照像摄影		↔	↔	↔					
5	大扫除活动		↔	↔	↔					
6	执行整理、整顿作业			↔	↔	↔	↔			
7	问题的检讨				↔	↔				
8	编制改善案					↔	↔			
9	实施改善与确认					↔	↔			
10	督导、评估、巡回检查					↔	↔	↔	↔	
11	照相摄影						↔	↔	↔	
12	成果发表大会								↔	
13	活动反复推进							↔	↔	↔

四、5S检查与竞赛评比

1. 考核程序

（1）每周一上午评分委员根据“评分标准”填写“5S评分表”，下午5：00前把有关资料（文件夹、评分标准、评分表、袖章、笔、轮值表）交5S推行委员会。

（2）推行干事统计后，次日早上9：30前公布成绩。

（3）推行干事每周五上午召开周会，公布检查结果及改善检讨。

（4）每月第一周进行上月竞赛结果的公布及颁奖。

2. 评分标准

评分标准包括：

（1）办公室评分标准。

（2）生产现场评分标准。

说明：同一项目多次违反则只扣一次（初期暂定），评分标准也可根据检查的情况进行修订。

3. 评分方法

在5S活动中，评分要准备的工具如下：

（1）评分用档案夹。

（2）评分扣分标准（贴在档案夹封面内页）。

（3）现场评分记录（夹于档案夹内）。

（4）“评审员臂章”及订定“评审人员作业标准”，如参考路线、时间、档案传递、评分表上交时间、缺勤安排方法、评分表填写方法。

（5）三人1组，少数服从多数的原则，决定是否判定为缺点。

在检查评比时，由检查人员将检查结果记录于生产现场5S的检查考核表（见表2-4）和办公室5S的检查考核表中（见表2-5）。

表2-4　生产现场5S的检查考核表

项目	查检项目	检查状况	评分标准	得分
1	通道	有很多东西或脏乱	0	
		虽能通行，但要避开、不能正常通行	1	
		摆放的物品超出通道	2	
		超出通道但有警示牌	3	
		畅通、整洁	4	

续表

项目	查检项目	检查状况	评分标准	得分
2	工厂场所的物品	一个月以上未用的物品杂乱堆放	0	
		角落放置不必要的东西	1	
		放半个月以后要用的东西，且紊乱	2	
		放一周内要用的东西，且整理好	3	
		放3日内使用的东西，且整理很好	4	
3	料架	杂乱存放不使用的物品	0	
		料架破旧、缺乏整理	1	
		摆放不使用的物品，但较整齐	2	
		料架上的物品整齐摆放	3	
		摆放物为近日用，很整齐	4	
合计				

表2-5　办公室5S的检查考核表

项目	查检项目	检查状况	评分标准	得分
1	工作场所的物品	一个月以上未用的物品杂乱堆放	0	
		角落放置不必要的东西	1	
		放半个月以后要用的东西，且紊乱	2	
		放一周内要用的东西，且整理好	3	
		放3日内使用的东西，且整理很好	4	
2	办公桌、作业台等上下及抽屉	不使用的物品杂乱堆放	0	
		半个月才用一次的也有	1	
		放一周内要用的东西，但过量	2	
		放当日使用的东西，但杂乱	3	
		桌面及抽屉内的物品均为当日使用，且整齐	4	
3	计算机文件夹	私人文件与公用文件混杂，无用、重复、过期文件充斥其间	0	
		有所整理，但较为紊乱	1	
		文件按照分类进行存储，排列较为整齐	2	
		文件归类整齐、标识明确，易于查找，且对重要的旧文件进行备份	3	
合计				

4. 5S评分委员轮值表

为了保证5S评比活动中打分的公平公正，对参与5S评比打分的委员与所检查评比区域进行交错安排，避免同一评分委员一直是检查同一区域，具体可参照5S评分委员轮值表的方式（见表2-6）对检查区域、检查委员按不同时段进行交替安排，检查委员最好不要检查本部门的责任区域。

表2-6 5S评分委员轮值表

序号	检查区域	评分委员	时间
1	A	①	第一周
	B	②	
	C	③	
2	A	②	第二周
	B	③	
	C	①	
3	A	③	第三周
	B	②	
	C	①	
4	A	①	第四周
	B	③	
	C	②	

说明：①评分委员评分前应熟悉评分标准中的内容。

②填表时应注明A、B、C所代表的具体区域。

③轮值表轮完一回后，再重新开始。

④委员缺勤，由替补人员顶替。

5. 分数计算方法

（1）实得分数 =“检查考核表”所得分数 × 加权系数

（2）加权系数

①计算公式：加权系数K={[K1+（K2×K3）+K4]/3+（K1×K2×K3×K4）}/2

K1代表：整理整顿的困难度，主要考虑责任区域设备物品的多少、物品轻重、地方的多少、物品进出的频率、整理整顿之轻易程度；K2代表：清扫清洁的面积系数；K3代表：清扫清洁的人数系数；K4代表：教养系数。

②计算各组加权系数K。在计算各组别加权平均系数前，按照各组别5S加权系数表（见表2-7）的要求，也根据各组别的实际情况，由5S管理评审委员会评审各组别的系数K1、K2、K3、K4，然后依据加权系数K={[K1+（K2×K3）+K4]/3+（K1×K2×K3×K4）}/2计算出各组别的5S系数，为最终打分做准备。

表2-7　各组别5S加权系数

NO	组别	组名	K1	K2	K3	K4	K
1	一						
2	二						
3	三						
4	四						
5	五						
6	六						
7	七						
8	八						
9	九						

6. 检查评比与奖励方案

（1）5S推行小组按预先计划的时间，对5S各责任区进行检查打分，检查委员可根据生产现场5S的检查考核表（见表2-4）和办公室5S的检查考核表（见表2-5）进行各自评比打分。待检查全部完成后交给5S管理委员会，统计检查最终得分，由推行委员对各检查委员的打分来计算各责任区的5S系数和最终的实得分数。

（2）根据最终的计算结果，评出前3名，各发给锦旗一面；最后一名发给“警示旗”一面，以示鞭策。评比结果记录于5S评比名次表（见表2-8），作为提报公司申请锦旗和奖金的依据。

表2-8　5S评比名次表

序号	第一名	第二名	第三名	最后一名
1				
2				
3				
4				

（3）其他说明主要包括以下几个方面：

①锦旗为流动锦旗，所颁锦旗于当月底收回。

②所颁发的锦旗必须悬挂于指定的位置。

③连续3个月获第一名，颁发荣誉奖。

④成绩均未达到80分时，第一、第二名不颁发奖金。

⑤所颁发奖金不得平分，必须用作集体活动或部门建设基金。

⑥5S活动的成绩列为工作绩效考核项目的一项内容。

7．申诉制度

（1）对5S的评分若有任何认为和实际情况不符或不合理的情况，可填写5S申诉表（见表2-9）交5S推行委员会进行核实。

（2）申诉人填写“5S申诉表”前必须确定核对过最新的检查标准，并且与该评分委员协调过。

表2-9　5S申诉表

日期		申诉组别	
申诉内容： 5S评分委员确认：　　　　申诉人：			
5S评分委员处理意见： 主任委员：			

第四节　生产现场的七大浪费

一、什么是浪费？

丰田公司认为，不产生任何附加价值的一切作业都称为浪费。中国有些企业混乱的生产现场令人担忧，在生产一线上造成了人力、物力材料等诸多方面的浪费，给企业的生产经营带来了很多不必要的麻烦。所以班组长除了要提高产品质量和生产效率、降低生产成本、防止事故发生，以及合理分工外，还需要改善企业存在的多种浪费。

二、浪费的种类

1. 等待的浪费

主要表现为：作业不平衡，作业安排不当，待料、品质不良等，造成人员、设备、信息与生产计划安排不合理造成等待的浪费。

2. 搬运的浪费

搬运的浪费是指因车间生产线布置、内部运作不合理等所造成搬运动作过多的浪费。

3. 不良品的浪费

主要表现为：工序生产无标准确认或有标准确认未对照标准作业，管理不严密及管理松懈所导致。

4. 动作的浪费

主要表现为：生产场地没有合理规划，生产模式设计不周全，生产操作动作不规范统一，导致员工操作动作过多或过少。

5. 加工的浪费

主要表现为：制造过程中作业加工程序不优化，可省略、替代、重组或合并的未及时检查。

6. 库存的浪费

主要表现为：管理者为了自身的工作方便或本区域生产量化控制，一次性批量下单生产，而不结合主生产计划需求流水线生产所导致局部大批量库存。

库存的损害表现有：

（1）产生不必要的搬运、堆积、放置、防护处理、找寻等浪费。

（2）使先进先出的作业困难。

（3）增加管理费用。

（4）物品的价值会减低，变成呆滞品。

（5）占用厂房空间，造成多余的工场、仓库建设投资的浪费。

（6）没有管理的紧张感，阻碍改进。

（7）设备能力及人员需求的误判。

7. 制造过多过早的浪费

主要表现为：制造过多与过早都会造成车间存放区域的积压或浪费。

制造过多过早的损害表现有：

（1）提早用掉费用（材料费、人工费），不能创造利润。

（2）把“等待的浪费”隐藏起来，使管理人员漠视等待的发生和存在。

（3）自然而然地积压在制品，其结果不但会使制程的时间变长，而且会使现场工作的空间变小。

（4）产生搬运、库存的浪费，使得先进先出的作业产生困难。

三、七大浪费的改善对策

1. 合理化布局

（1）辅助生产线应尽量接近主生产线的相关工序。

（2）充分探讨供应各工序零部件的方法。

（3）研究空卡板、包装箱、夹具的返回方法。

（4）沿生产线设置大小适当的零部件暂放场所。

（5）不要忘记在生产线中设置检查工序和修理工序。

（6）确保设备的保养与修理所需空间。

（7）生产线的形状受到产品和场地的制约，可从安装、零部件供应等方面考虑采用最为合适的形状。

2. 搬运手段合理化

（1）搬运作业遵循原则：机械化原则、自动化原则、标准化原则、均衡原则、及时原则、直线原则、安全第一原则。

（2）搬运方法：传送带、定量搬运和定时搬运、搬运工具的合理化。

3. 落实员工提案改善制度

针对前述种种浪费，要落实员工提案改善制度，鼓励员工针对自己的工作岗位提出一些改善提议，要在全公司范围内营造一个消除浪费、不断改善的氛围。

4. 制定标准工时

制定出每个产品、每个工序的标准工时，为生产线平衡、生产计划的编制提供科学的依据。

5. 设立IE部门

设立IE（工业工程）部门，运用IE七大手法（防错法、动改法、流程法、五五法、人机法、双手法、抽查法）帮助我们改善工作。

6. 使用群组、单元细胞作业替代传统的流水线作业

7. 组织班组员工进行分析浪费原因

各班组根据本班组的实际情况，对存在浪费的项目及成本过高的事项进行分析，可参照减少浪费降低成本检核表（见表2–10）中的要求进行分析，制定改善对策并确定负责人，由班组长进行跟踪落实，达到预期效果的可向公司申请奖励。

表2–10　减少浪费降低成本检核表

浪费问题点	改善对策	负责人	效果		备注
			预计效果	实际效果	

四、生产现场常见的155种浪费现象

根据一般的生产管理现状，多数企业多多少少存在以下常见浪费现象，以供参考。

1. 缺乏适当的计划，使人员在换产品时产生等待或停工待料现象。
2. 班长未能彻底了解其所接受的命令与指示。
3. 缺乏对全天工作计划的认识。
4. 对班长的命令或指示不清楚。
5. 未能确实督导工具、材料、小装置等放置到适当场所。
6. 不应加班的工作，造成加班。
7. 未检视每一工作是否供给合适的工具与装配。
8. 放任员工故意逃避他们能做的工作。
9. 需要的人员不足。
10. 产生冗员现象。
11. 不愿意填写报告及各种申请表格。
12. 纵容员工养成聊天、擅离工作岗位、浪费时间的坏习惯。
13. 疏于查问与改正员工临时旷职及请假的原因。
14. 未要求员工准时开始工作，松于监督。
15. 拖延决策。
16. 班长本身不必要的请假与迟到或不守时。
17. 迟交报告。
18. 需要修理时未立即查清原因。
19. 工作中不必要的谈话与查问。
20. 班长不能适当地安排自己的工作与时间。

21. 未能倾听员工的建议。

22. 未能鼓励员工多提建议。

23. 在各种问题上不能广听部属的意见。

24. 不能广泛地钻研与本职工作有关的方法。

25. 未询问新进人员过去的工作经验，以获取有益的意见。

26. 未充分向其他部门请教。

27. 未考虑或指定适当人员处理所有有用的提案。

28. 未能从会议中获取有益的意见。

29. 管理机能不好。

30. 督导不良，造成材料的浪费。

31. 对新人指导不够。

32. 指派新工作时未充分指导部属按正确方式操作。

33. 草图或图纸破损、难懂、易看错、标准未及时更正，或自作主张。

34. 机械故障或未调整好。

35. 未对每一工序检查材料使用情形。

36. 未让部属了解材料或供应品的价值。

37. 命令与指示不清。

38. 纵容不良的物料搬运。

39. 未注意部属的身体健康状况，造成不良品。

40. 缺乏纪律约束，纵容粗心或不当的工作。

41. 容许部属用不适当的材料，如太好或太差。

42. 未能追踪不良工作起自何人，以致不能纠正。

43. 不能适才适用，特别是新人。

44. 请领太多材料，多余却未办退料。

45．未请领正确的材料，用错材料。

46．未检查材料是否排列整齐，正确放置。

47．未能检查蒸气、水、气体、电和压缩空气等管路电线是否裂开破损。

48．纵容部属因私事使用油、压缩空气、小工具、化学药品等。

49．让不良材料当良品流入制程。

50．缺乏有效的系统来防止材料外流以避免损失或被偷。

51．可再用的材料当废料处理。

52．纵容浪费或滥用以下供应品：扫把、文具、油布、灯泡、水管等。

53．产生不良品未立即停止生产。

54．缺乏工作计划，使所有可用的机器未获得充分的利用。

55．疏于检查机器，使其保持良好状态及避免故障。

56．班组长缺乏正确使用机器的知识，不了解各种机器的功能。

57．未定期检查：绳、皮带、链条、输送带、润滑系统等。

58．杀鸡用牛刀，小工作用大机械。

59．在保养、修理、油漆工作上缺乏与保养部门的协调。

60．闲置机器未加保养，任由其被潮湿、脏物、灰尘、锈等侵蚀。

61．缺乏定期清洁，机器不洁。

62．所有转动零件未检查是否有适当的润滑。

63．应修理之处未立即办理。

64．机器没有适当的操作说明书。

65．缺乏良好纪律监督以避免机器设备的滥用。

66．纵容部属用“不当方法”修理机器。

67．领班不知机器与设备的最新型号。

68. 未促使部属注意机器的价值与情况。

69. 滥用小机器做笨重工作。

70. 该报废的机器仍加以修理，比买新机器花了更多的费用。

71. 可修理的机器却报废。

72. 没有效率的数据管理。

73. 无法控制有能力的部属的人事变动。

74. 未评估员工变动的直接与间接成本。

75. “管”得太多，聪明的领导却太少。

76. 对纪律要求太严或太松。

77. 能做到的承诺，却未遵守。

78. 许下不能兑现的承诺，如加薪或升迁。

79. 无充分理由而解雇人，不应使用解雇作为一种处罚。

80. 强留部属在他极端不喜欢的工作上。

81. 对待部属不公正。

82. 部属争吵时，偏袒一方。

83. 对一个部属批评兼顾骂其他的部属。

84. 未能查出自愿离职部属的离职理由。

85. 不能向部属正确说明公司的目标与政策。

86. 在员工调薪上，班组长未参与。

87. 班长没有权威。

88. 不能使新进人员充分发挥其工作能力。

89. 没有以亲切、帮助的态度接纳新员工。

90. 对新进人员没给予安全的工作指导。

91. 未让新进人员了解全天的工作内容及其他情况。

92．没有选择合格的人配合工作。

93．对学习速度慢的人没有耐心。

94．未促使其他部属对新人表示友善、帮助的态度。

95．未尽可能地接近新人。

96．没有告知新人工厂相关情况与规划，如安全注意事项、发薪日期及洗手间、饮用水、浴室位置等。

97．未安排完整的训练计划。

98．未使部属尽其所能。

99．未指导部属如何做好工作。

100．未尽可能地说明工作内容，使部属产生兴趣。

101．未对部属的进步与个人生活表示关心。

102．没有容纳部属错误的雅量。

103．未注意部属的能力与个性，适当地指派工作。

104．未研究部属个人能力的不同，以发挥他最大的潜力。

105．评价一个人只重资格、种族、宗教、关系、地域等。

106．纵容部属派系存在或组成小圈圈。

107．明知某人的心理或生理不适，却未加调动。

108．生病的部属仍让他工作。

109．未给予部属需要的协助。

110．没有在适当的时间，让员工进行升迁。

111．未考虑影响薪资与工作条件的问题。

112．未训练一个候补者。

113．欠缺对标准工时教导的概念。

114．缺乏人员效率管理的数据。

115. 未认识到预防意外事故是工作的一部分。

116. 未对全体部属彻底说明安全事项要求。

117. 未给机器装上安全防护，并使确保有效。

118. 纵容在工作场所滥用安全防护。

119. 未在适当处所标上危险记号，并保持干净、易读。

120. 未彻底了解意外事故的间接成本。

121. 物料放置不善。

122. 不了解构成意外危险的成因。

123. 未保存事故记录，并未加分析与应用。

124. 未建立良好的安全范例。

125. 没有定期与切实的安全检查。

126. 未能持久地执行安全规则。

127. 工作人员缺乏必要的安全装备：如手套、安全带、电焊护罩等。

128. 管理人员未认清其安全责任与事故责任。

129. 不能激发与保持部属的安全意识以防止事故。

130. 未与政府安全部门的安全检查员配合。

131. 未与其他管理人员或部门合作。

132. 不与事务人员合作。

133. 未确实了解公司政策并向部属解释。

134. 不能正确地处理谣言。

135. 推诿责任给其他班组长、部属或主管。

136. 未适当地将部属的意见反映给主管。

137. 纵容有不满情绪的员工煽动反抗公司的做法。

138. 管理人员未能给予那些尚不普及的公司规章制度以全力支持。

139．未能鼓励部属间的友爱与合作。

140．管理人员在本部门内轻率地批评公司政策。

141．在公司的教育活动上未与管理阶层全力合作，包括学徒训练、公布栏、员工通信、提案制度等方面。

142．材料不适当排放与储存。

143．未充分注意材料的使用的计划。

144．机械与其他永久性设备的错误安置。

145．纵容部属丢置手工具、梯子、手推车等在过道上，不能保持走道清洁。

146．废料未报废。

147．油桶放置于不安全之处，橱柜、材料供应处等设置于不便之处。

148．纵容不用的机器与设备占据重要的空间。

149．由于未及时修理楼板、屋顶等，以致需要的空间未加利用。

150．照明不足，形成黑点、死角。

151．部门内部布置不良，不能保持整洁。

152．工作场所放置不需要的物料。

153．未重视整顿的重要性。

154．未培养及督导物品用完要归位、定位的意识及要求。

155．未彻底执行定期（每日、每周、每月）清理项目，以永久保持。

第五节　生产现场工作方法TWI-JM

TWI-JM工作方法以工作改善、工作分析为目的，利用自问方式予以改善，它的改善提案体系在工作中所起到的关键作用被人们所推崇，它也是当今精益生产的支柱。TWI使日本的工业得到重建，对日本的管理产生了持久而深远的影响.

TWI-JM工作改善的技能，是针对现场作业中的浪费，通过对作业细节（动作）的分析、研究，运用5W/1H的自问方法，充分发挥一线主管的经验及想象力发现问题，通过对作业进行删除、合并、重组、简化，从而有效地利用现有的材料、机械、人力，以达到消除浪费、降低成本之目的。

一、现场员工工作方法改善的十大抵触心理

1. 改善那种东西没有用!
2. 确实是这样，但我们厂里则不同!
3. 是很好的方案，但……!
4. 成本无法再降低了!
5. 我们也一直这样地努力着!
6. 不喜欢旁人指手画脚的建议!
7. 要降低成本，品质一定会随着下降!
8. 目前不是也很好!
9. 这种方法行不通，二十年前我们已经试过了!
10. 我们对这事最清楚了!

二、工作改善（TWI-JM）的四个阶段

第一阶段——工作分解

1. 工作分解的目的是什么?

掌握完整的实际状况，发现改善的必要点，将每一个项目按顺序毫无遗漏地加以调查。

2. 项目是什么？

项目就是细小的事项，作业中的每个动作都可看作一个项目。以组件的制作与包装为例，整套作业程序可以分解为以下项目：电池片、背板、EVA、玻璃、焊带的准备作业、压带焊接作业（将焊带焊接在电池片上）、压带检查作业、串带作业（将压带好的电池片用串联铜带焊接连成12片一串）、排版作业（将6串排版好的电池片按照图纸要求摆在玻璃上）、铺设作业（将EVA、TPT铺设在电池片上）、层压作业（将铺设好的电池板组件高温层压固化）、修边作业（将层压后的电池板边缘多余的EVA、TPT切除）、装配作业（安装边框和接线盒）、电性能测试、清洁作业、包装作业。

3. 项目分得愈细致，对项目的核检就会愈彻底，相应的工作改善也就可以做得愈全面。工作分解必须要在现场一面观察一面进行，单凭假定和想象是不能掌握事实真相的。项目尽可能地取小一些，要毫无遗漏地记录每一条项目，包括等待的动作。分解重复的作业时，要按个人来划分项目，或在摘要栏记录个人要做的事项，分解共同作业的工作时，要按个人来划分项目，或在摘要栏记录个人要做的事项。具体操作参照表2-11 工作分解与改进分析表。

表2-11 工作分解与改进分析表

序号	工序名称	改进理由					作业时间	改进目标	负责人	配合人
		瓶颈	费力	配合	品质	人力				

第二阶段——就每一个项目做自问检讨

1．对每一个项目进行六项自问（5W1H）

①为什么需要这样做（WHY）？

②这样做的目的是什么（WHAT）？

③在什么地方进行最好（WHERE）？

④应该在什么时候做（WHEN）？

⑤什么人最适合去做（WHO）？

⑥要用什么方法做最好（HOW）？

2．同时进行另外九项自问

（1）材料

①能不能使用更好、更便宜、更容易获得的材料？

②此作业所产生的废品能否用于其他的生产？

③不良品或废品能不能减少到最低限度？

④材料规格是否已有明确的规定？

（2）设备

①是否利用了适当的设备？

②作业员持有哪些设备？

（3）工具

①是否利用了适当的工具？

②作业员持有哪些工具？

③量规、治具、装置是否已准备妥当？

（4）设计

①品质是否能通过设计的变更来改良？

②通过设计的少许变更能否节省材料或时间？

③公差是否需要？

（5）安全

①作业是否容易而且安全？

②作业员是否充分理解安全规则与灾害预防方法？

③是否使用了正确的安全装置？

④是否想到事故会造成劳动力、机器和材料的浪费？

（6）机器

①是否运转至最高效率？

②是否处在最佳的运转状态？

③是否正确地使用？

④是否使用最适合于工作的机器？

⑤机器或作业员的等待时间能否被利用？

（7）配置

①倒回的次数是否在最低限度？

②处理次数与移动距离是否在最低限度？

③可利用的场所是否已全部使用？

④通路的宽度是否足够？

（8）动作

①所有的物件是否都在适当的动作范围？

②能否利用重力的补给装置或落下送出装置，需不需要辅助装置？

③两手是否得以有效利用？

④两手把持的方法是否需要全部淘汰？

（9）整理整顿

①作业场所与材料场所的秩序是否良好？

②不良品放置场所能否作为作业员、机器的作业平台之用?

③不需要的物件是否都收拾好了?

④处理不良品、报废品等是否定时?

⑤必要的物件有没有放置在正确的场所?

工作改善问题选择具体参考表2–12工作改善问题选择表。

表2–12　工作改善问题选择表

工序＼问题		1	2	3	4	5	6	7	8	9	10	11	12	13
		生产太多	生产不良	品质不良	工具磨损	容易疲劳	成本高	库存太多	搬运不便	安全事故	设备易坏	返修多	—	—
1	（问题工序名称）													
2														
3														

第三阶段——寻找工作新方法

工作新方法的确定分为四种：删除、合并、重组与简化，具体使用方法请参照表2–13生产工序简化分析表。

1. 删除不必要的项目

（1）删除可以删除的工作、步骤或动作。

（2）删除不流畅、不自然或笨拙的动作。

（3）降低手的使用频度，尽量使用设备操作。

（4）减少对慢性动作的迁就，杜绝一切危险动作。

（5）避免工作中不规则性，如工具的固定摆放地点，形成习惯性动作。

2. 尽量将项目加以合并

（1）将两个或多个动作合并成一个或连续动作。

（2）将突然改变方向的小动作合并为连续的曲线动作。

（3）合并可以同时进行的作业。

（4）多种工具合并在一起成为多能工具。

3. 重组改善项目之顺序

（1）调整工作顺序。

（2）改变工厂布局，重新编排设备。

（3）改变产品设计。

4. 简化必要的项目。

（1）确保手柄、拉杆、踏板等控制器适合人体结构与运动机能。

（2）尽量使用重力。

（3）在正常工作区域内完成工作，减少动作幅度与不必要的身体移动。

（4）简化动作的复杂程度，特别是在一个位置的多个动作。

（5）减少目光范围与变焦次数。

5. 借助他人的意见。

6. 将新方法之项目记录下来。

表2-13 生产工序简化分析表

序号	工序流程	流程问题	问题分析			改善要点			
			时间	距离	人员	删除	合并	重组	简化
产品生产流程图如下									

第四阶段——实施新方法

1. 使上司了解新方法。

2. 使下属了解新方法。

3. 知会主管安全、品质、生产以及成本等部门，赢得他们的同意。

4. 将新方法付诸实施，一直用到下一次改善。

5. 别人的贡献应予以承认。

6. 感谢与鼓励，呈报上级奖励。

第三章
班组长日常事项的管理

班组长应规划好自己的日常工作，不能眉毛胡子一把抓，应确定每天的工作重点，有计划、有目的地开展各项生产管理工作。为了保证任务的顺利完成，班组长必须从以下几个方面着手做好日常管理工作：开好班前早会、做好时间与工作计划管理、搞好员工日常事项的管理。

第一节　利用早会执行管理

早会就是利用上午上班前5～10分钟的时间，全班组员工集合在一起，相互问候、交流信息、安排工作的一种方式。

班组早会应由班组长来组织召开。班组长可以利用早会了解基层员工的基本情况与动向，也可以利用早会进行工作任务的部署，还可以利用早会做好班组事项的追踪。

一、召开早会的目的与意义

早会虽然只有5～10分钟的时间，但是是一天工作中不可缺少的环节。“一年之计在于春，一日之计在于晨。”早会集全天的管理工作于10分钟之内进行合理安排，全方位地对班组每个人、每件事进行清理和确认，达到改善员工精神面貌、创建组织文化、建立相互检查和监督机制以及提高员工工作士气的目的。

1．利用早会做员工教导

班组长可以利用早会进行新产品、新方法、新工艺的培训与说明，提高员工的技能水平，同时还可以进行品质观念的灌输及公司各项政策的宣传，真正做到始于教育、终于教育。

2．早会可以促进达成共识

早会是传播企业文化的媒介，可以培养员工良好的行为习惯，通过早会可以对工作教养、工作伦理及工作习惯加以宣传，并不断地促进与改进，从而提升整个公司员工的素质。

3．利用早会实施追踪与管理

班组长可利用早会对发生的品质异常进行检讨、分析与纠正，可以对过去的工作加以回顾、总结经验、改进缺失，同时还可以通过早会进行生产计划安排、市场反馈信息的交流、上级指令的传达，从而让员工了解公司的方针政策、市场运转情况及自己的工作方向，从而提升工作效率。

4．塑造班组长的权威与形象

早会可以培养班组长的权威与形象、风范与气质，给班组长提供锻炼的平台，从而带动部门工作。

5．利用早会做激励

班组长可以利用早会对班组表现好的员工，在早会上进行通报表扬，如超计划产能、好人好事、助人为乐、发现品质异常、主动配合班组长工作、主动培养新员工等，均可在早会上进行表扬激励。

二、早会的内容

早会主要包括生产目标、员工教导、理念宣导等，大致时间分配如下。

1. 教导占50%

包括作业规范说明、标准化工作、安全生产要求、新产品、新方法、新工艺说明、品质异常与个人品质、市场反馈等。

2. 理念宣导占20%

包括工作教养、工作伦理、作业习惯、品质观念、5S要求等。

3. 目标管理占30%

包括生产计划安排、质量目标、政令传达等。

三、早会的实施要点

1. 早会召开频次

早会的召开要固定频次，每周2～3次，班组长也可以根据需要，每天召开，每次大概10分钟。

2. 排队

早会召开前，班组长应提前到达会议场所，召集员工排好队形，清点员工人数，要求员工着工装，戴好厂牌。

3. 准备充分

班组长在召开早会前，充分准备好早会要讲的内容。会前准备越充分、讲解越详细，早会的效果就越好。同时，可以防止遗漏重要内容。

4. 早会的内容具体化

班组长早会所讲内容要充分反映班组的具体情况，内容上忌讳空话与套话，尽量不要出现“大概、也许”这样的字眼，要具体到个人、哪台设备、哪张订单、哪种物料、具体的时间节点等。

5. 由班组长亲自召开

早会大约只有10分钟，班组长要充分利用这个时间，把自己对班组管理的各项要求，进行充分具体的说明，明确表达自己的观点，便于在班组内部达成共识。

6. 注意肢体语言

班组长在召开早会时要注意个人形象，开会前要整好自己的仪容仪表；在召开早会时班组长要面带微笑，讲话声音要洪亮，语速要慢一点，目的是让员工能听清楚班组长所讲的内容，同时在召开过程中要与员工有一定的眼神交流。

7. 填写早会报告单

要对每天早会内容进行事前规划并填写好早会报告单，内容越详细越好。早会报告单主要包括五大方面的内容：上次早会报告事项的追踪和检讨、上司与公司指示事项、本次报告事项、部属上次反映事项、在职培训（见表3-1）。在早会召开完毕后，早会报告单由班组长签名上交主管或厂长。

表3-1　早会报告单

1. 上次报告事项的追踪、检讨：
2. 上司与公司指示事项：
3. 本次报告事项：

续表

4. 部属上次反映事项：		
5. 在职培训：		
生产经理：	车间主任：	班组长：

第二节　时间与工作计划管理

时间管理是指通过事先规划并运用一定的技巧、方法与工具实现对时间的灵活以及有效运用，从而实现个人或班组的既定目标。班组长必须具备一定的时间管理能力，来提高个人与班组的效率。

一、为什么要进行时间管理？

时间是一种资源，这种资源跟其他资源不同，时间有以下四大特性：

1. 供给毫无弹性

时间的供给量是固定不变的，每天都是24小时，所以我们无法开源。

2. 无法蓄积

时间不像人力、财力、物力和技术那样被积蓄储藏，所以我们无法节流。

3. 无法取代

任何一项活动都有赖于时间的堆砌，时间是任何活动所不可缺少的基本资源，因此，时间是无法取代的。

4. 无法失而复得

时间无法像失物一样失而复得，它一旦丧失，则会永远丧失。花费了金钱，尚可赚回，但倘若挥霍了时间，任何人都无力挽回。

二、班组长的时间规划

“班组无小事”，班组事情多且繁杂，班组长在处理班组事项时，应建立优先顺序，我们把班组和事情分为以下四类（参照表3-2）。

1. 班组的事情要分轻重缓急，优先顺序

（1）第一优先A类：重要又紧急——Do it now（马上做）。

（2）第二优先B类：重要但不紧急——Do it later（待会儿做）。

（3）第三优先C类：紧急但不重要——Delegate（让别人去做）。

（4）第三优先D类：不重要不紧急的——Don’t do it（别去做）。

表3-2 班组事项ABCD分类

A类 1. 危机事件 2. 急出货的订单 3. 车间突然出现批量品质异常 4. 急插单	B类 1. 班组发展规划 2. 班组管理创新与改革 3. 班组员工培训 4. 班组标准化与工人规范化
C类 1. 某些会议 2. 造成干扰的拜访 3. 某些信件 4. 吸引人的聚会	D类 1. 琐碎的事情 2. 广告函件 3. 某些电话 4. 访客闲聊

2. 在时间分配上，对ABCD四类工作时间比例进行分配

（1）重要又紧急的A类事情，用65%～80%的时间。

（2）重要但不紧急的B类事情，用15%～25%时间。

（3）紧急但不重要的C类事情，用15%的时间。

（4）不重要不紧急的D类事情，用1%的时间。

三、班组长的工作计划管理

1. 班组长日工作计划

为了有效提升班组长的工作效率，建议班组长在做好周计划的基础上，将周计划分解至日工作计划，并将班组的大目标分成若干个小目标，当制订好计划后，就要将计划的每一步骤、每一环节都要落实到每个班组成员身上，要让班组成员做到“人人有事做，时时有事做”，这样才能有效地将班组成员都调动起来，以达到计划的要求。可参照表3-3，对每天的工作内容、工作目标、达成的结果进行事先规划，确定好做事的优先顺序，同时每天对工作计划的达成结果进行自我评价，便于自我对每天工作计划达成情况进行改善与提升。作为班组长，在班组里要提倡“日事日毕、日清日高”，当天的工作当天完成，每天的工作要清理并要有所提高。

表3-3 班组长日工作计划

年 月 日

序号	工作内容	工作目标	达成结果	自我评价	优先顺序	备注

2. 班组长周工作计划

班组长周工作计划是以周为单位来制订工作计划，以配合公司大生产计划要求，班组长应将公司大生产计划分解到班组周生产计划，规划好每周重要工作任务、次要工作任务及临时追加的工作任务，事先确定好工作内容、达成目标、时间分配，并每周对完成情况进行自我评价（具体做法可参照表3–4）。

表3–4 班组长周工作计划

部门： 岗位： 姓名： 时间：

项目	项次	预定工作内容	达成目标	时间分配	完成情况	自我评价	备注
重要目标任务	1						
	2						
	3						
次要目标任务	1						
	2						
	3						
追加任务							
重要事项备忘录							
评定说明							
评定		直接上级：		填报人：			

四、时间管理案例分析

王东的时间管理存在哪些问题？

王东是某公司的销售经理，敬业爱岗，事必亲为，每天工作时间10小时，并且节日无休，别人认为他是工作劳模。他在此工作岗位已10年，心中常感叹：实在没时间。

一天总经理找他说：“下个月召开董事会，我准备让你主讲我们部门的年度总结报告，这是你的好机会，你认真准备一下。”

接下来几个星期，每天依旧那么忙，但王东心里惦记着大事，还是尽量收集资料，他心里想，还有时间呢。

日子过得很快，资料也收集了很多，王东才惊觉明天就是董事会了，心想：“无论如何不能再拖，今天一整天我一定要把报告完成了。”

上午8点，正当准备下笔时，一位员工生病了，不能到岗，请他代处理一些急件，身为主管不好拒绝，反正是一上午，下午还有好几个小时呢。

做完急件，王东刚准备整理资料，老板又打过来电话了，说顾客对销售人员投诉，要他马上调查原委，下班前出调查报告。老板的命令怎能不理，年度总结下班再做，晚上清静，更容易构思。于是王东召集员工进行了调查，用了四小时将事情摆平，并安抚了顾客，完成了老板交代的任务。

下班路上总是塞车，到家已经19：00。吃完饭，正准备工作时，电视里刚巧转播“欧足总赛”，对于铁杆球迷的王东来说，这是不能错过的，反正放松一下，时间又过了2小时，王东开始工作，这一下有一点累了，他有些焦急，他咒骂了自己一顿，都是贪看了球赛，明晨4点再做吧。

闹钟响起，王东习惯赖床，在床上磨蹭了好一会儿，终于起床，洗漱之后，王东赶紧连写了好几篇，突然发现有些资料忘了带回家，于是赶紧赶到办公室，这时已是8点钟，离董事会召开还剩2小时，他急急忙忙花了1个多小时，终于完成了这份他渴望一举成名的报告。这份报告花了3个小时，结果可想而知，机会又一次与他失之交臂。

诚然，王东大部分时间都在工作，而且都是正当的应该做的工作，但是我们仔细分析一下，不难发现，他不是没时间，而是在时间的使用上出了问题，对这些问题，我们进行了总结（见表3–5）。

表3–5　王东的时间管理问题

延误	主观原因
1. 任何事都可以干扰他写报告	缺乏明确目标
2. 一个月时间，而他到最后3小时才动笔	拖延
3. 不分轻重缓急，事事亲力亲为	缺乏优先顺序
4. 收集资料用了他的大部分的时间，报告只用了3小时	重过程，不重结果
5. 几次坐下来，都没能开展工作	做事有头无尾
6. 资料乱扔，忘了带回家	缺乏条理与整洁
7. 收集资料完全可以叫部属代劳	不懂授权
8. 部属急件，上司没有必要非要承担	不会拒绝别人的请求
9. 有必要收集那么多资料吗？	盲目行动
10. 调查投诉，用了四小时	简单事情复杂化
11. 赖床	懒惰
12. 一定要等到更好的时间才动笔	心态消极

您对时间管理的感悟：

____

____

____

____

____

____

第三节　员工日常事项的管理

员工日常管理事项是指员工在日常工作中经常犯的小错误，但未达到开除阶段的事项。这种日常事项管理不好，也会对班组生产任务的完成造成一定的影响，对班组的工作氛围带来负面影响，不利于员工养成良好的工作和行为习惯，也不利于形成一种积极向上的企业文化，因此，班组长应重视此类事项的管理。

一、员工日常事项的内容

员工经常在整理整顿、表单管理、机械保养、交班管理、数量移交、工作纪律、作业标准的管理、新管理制度的推行、电话管理等方面出现一些小错误。以下列举了员工日常工作中最容易出现的60种小错误（但不限于此60种）。

1．配色错误。

2．原料用错。

3．样本寄错。

4．下班不良品没收拾，以及交班事项未实施。

5．不写日报表。

6．数量计算错误。

7．离开工作岗位。

8．上班未先扫地。

9．交班加油部位未加油。

10．标识卡未贴或没签名。

11．没正确控制速度。

12．出货产品混错及客户抱怨数量不对。

13．规格混放，写错型号。

14．任意停机30分钟以上。

15．不该用手套的而使用手套。

16．产品未垫而放置于地上或睡在产品上。

17．践踏产品。

18．安全门前堆放物品。

19．垃圾未按分类倾倒，或下班垃圾未清理。

20．上班吃东西。

21．大声说话、聊天。

22．发现不良品未及时区隔。

23．产品整数及尾数未区隔与标示。

24．产品未覆盖。

25．推车用完未归位。

26．料盘油污未擦拭。

27．走道放置物品。

28．任意更改操作条件。

29．扫把、衣物、不良品未定位及标示。

30．输送带下面任意放物品。

31．请假未事先报备。

32．漏油、漏气未及时维修。

33．油、水流入地面未擦拭。

34．工作台未擦造成产品污损。

35．移交单未填。

36．不戴安全帽、口罩。

37．不戴厂牌或不穿工作服。

38．开会迟到5分钟以上。

39．下班后未将铁屑、破布、工具整理好。

40．电、气、空调、门窗未关。

41．使用不当的工具。

42．机车未按规定的位置停放。

43．乱丢烟头及未在规定的位置吸烟，或边走边吸烟。

44．生产日报表或生产计划表未准时提交。

45．未按规定摆放物品，造成产品损害。

46．物品移交未清点数量。

47．开关箱未关。

48．提早下班。

49．零件、配件领发料太多。

50．表面处理前放置过久而造成不良。

51．工具任意放在地上。

52．仓管人员未清点出准确的数量，提供了错误资料。

53．每日清理项目执行不彻底。

54．表单时效延误。

55．管理不当而造成库存太多或严重停机待料。

56．重复开单。

57．不愿支援其他部门。

58．自作主张或本位主义，擅自决定生产顺序、数量、条件等。

59. 无故不参加集会或迟到。

60. 物品随意摆放。

二、员工日常事项的管理路径

针对员工这种“大错不犯，小错不断”的情形，企业或班组长必须制定员工日常行为规范，并对员工进行培训与宣导，必要时进行考试，让企业或班组日常行为规范深入人心，让员工养成自觉遵守日常行为规范的习惯，做一名优秀的好员工。

1. 制定员工日常行为规范

依企业或班组的现实问题来制定，下面是×××公司的员工日常行为规范的案例，可参考：

×××公司员工日常行为规范

一、在公司内，应遵守公司各项规章制度，服从上级指挥。

二、上下班时，必须谨记打考勤卡，不得代打。

三、严格遵守工作时间，做到不迟到、不早退。到了下班时间，必须整理好物品再离开。

四、工作期间应认真工作，不允许串岗聊天和在工作区内大声喧哗，不得妨碍他人开展业务工作，不得擅自离开工作岗位，不可阅读与工作业务无关的书报杂志。

五、工作时，不打非业务性电话，接非业务性电话时应尽量缩短时间。

六、必须履行对公司机密、业务上的重要信息的保密义务，不得将公司业务及营销信息泄露给他人。不打听、不传播与本人无关的事项。

七、不得将公司资料、设备、器材用作私用，如需携带外出须得到批准。

八、与工作无关的私物不得随意带入公司，工作场地非经许可不得进行各类娱乐活动。

九、员工个人所借用的工具、物品必须妥善保管，不得随意拆卸或改装。若出现故障须及时向上级申报。

十、无操作资格者不得操作公司的有关设备、器具等。

十一、客人来访，原则上应有预约，并在指定场所接待，非工作人员不经许可不得进入工作场所。

十二、公司员工间及对公司外的人员，必须礼貌待人，文明用语，不讲粗话、脏话。同事之间要和睦相处，互相团结、帮助。

十三、公司员工上班一定要佩戴胸卡，如有遗失应尽快申请补办。

十四、员工着装应以反映良好的精神面貌为原则。男职员着装要清洁整齐，禁止穿拖鞋、背心、田径裤。女职员穿着要大方得体，不浓妆艳抹，不准单穿吊带衫、凉拖鞋。

十五、随时注意保持周边环境卫生清洁，不随地吐痰、不乱扔纸屑烟蒂、不乱涂乱画。雨具、雨鞋一律放置在规定存放处。

十六、除在指定场所、时间外，不允许饮食、吸烟。

十七、节约用水、用电、办公用品。安全用电，爱护灯管、插座、开关等电路设施，不准私自拆除、搬移和乱拉线路，若有损坏，须通知总务处进行更换、修理。

十八、必须遵守用火规则（下班前关闭煤气、清理烟缸、切断电源）。

十九、所有设备、器具等必须保持可正常安全运作的状态。

二十、发生传染病立即报告。

2. 制定日常事项的考核标准

班组长应根据公司的员工日常行为规范，结合本班组实际存在的问题，总结出本班组员工经常犯的日常事项，并制定出扣分标准，具体参照表3–6。

这些扣分标准随班组实际情况的变化可适当调整，如果经过这种加减分考核，其中有一些问题明显减少了，可换成出现问题比较多的事项，进行加减分考核。

表3–6 直接作业人员日常事项管理

部门名称：　　　　班组名称：　　　　班组长：

序号	考核项目	扣分标准	备注
工作纪律	上班时间玩手机	扣3分	发现一次
	上班时间聊天	扣2分	发现一次
	上班离开工作岗位	扣3分	发现一次
作业标准	不按作业指导书作业	扣3分	发现一次
	做完的作品没有贴标签	扣2分	发现一次
整理整顿	用完工具不归还	扣3分	发现一次
	工位有垃圾没清理	扣2分	发现一次
机械保养	没有进行设备日常清洁	扣3分	发现一次
	没有填写保养记录	扣1分	发现一次
其他			

3. 开展员工日常事项的考核

班组员工日常表现得好坏，每个月可以从三个方面进行评估。

（1）生产效率（占30%）：员工完成产量与个人产量定额标准之间的对比，超额完成进行适当加分，没有完成定额标准适当扣分。

（2）品质达成率（30%）：是指员工生产完成产品的合格率是否达成标准达成率要求，达到得满分，超过适当加分，未达成适当扣分。

（3）日常管理事项（占40%）：是指员工日常行为是否符合公司行为规范要求，建议按表3-6员工日常管理事项标准，由班组长每天根据员工的行为表现进行加分或扣分，将结果记录于表3-7中，每月由班组长进行一次考核，90分以上为A级、80～90分为B级、70～80分为C级、60～70为D级，60分以下为E级。利用表3-7，可以对员工每月的整体表现进行综合评价。

表3-7 直接作业人员月度绩效评价

日期 姓名	日常管理要项评价占40%								分数	生产效率占30%	品质达成率占30%	总分	总评
	1	2	3	4	5	6	……	31					
张××			-2						38	20	25	83	B
李××				+1			-3		38	27	25	90	A
王××			-3		-5	+3			35	22	20	77	C
肖××		+1			-3		-2		36	21	28	85	B

班组长：　　　　　　　　　　　　车间主管：

4. 员工日常事项考核打分要求

班组长每天在给员工打分时，要注意以下事项，保证每天的加减分是公平公正的，避免员工间出现抱怨的现象。

（1）考核标准的制定要有员工参与，同时考核标准制定出来后，要给员工进行充分培训，讲清楚日常事项考核要求。

（2）考核标准和考核结果最好是每天公布，以班组为单位做成看板是最好的方式，让员工每天能看到自己的行为表现所得的评分结果。

（3）建议班组长每天不定时巡视生产线，执行“走动”管理，随时记录员工的表现，随时进行看板公布，并利用早会时间进行公布宣导，目的是养成员工的良好习惯。

（4）员工日常事项考核结果，可以与公司绩效制度、月度超产奖或月度绩效奖相挂钩，让月度评价考核来提升员工的积极性。

（5）考核内容可随班组实际情况的变化进行适当调整，越是问题较多的事项，越是要纳入考核。

第四章
班组现场的目视与看板管理

第一节　目视管理与看板管理的区别

一、目视管理的定义

目视管理是利用形象直观、色彩醒目而又适宜的视觉感知信息来组织现场生产活动，达到提高劳动生产率的一种管理手段，也是一种利用视觉来进行管理的科学方法。目视管理能科学地改善生产条件和环境，有利于产生良好的生理和心理效应。

二、看板管理的定义

是指通过看板的传递或运动来控制物流和信息流的一种管理方式，是实现准时化生产的重要管理工具，是一种以看板为手段，制止过量生产，减少在制品，从而使产生次品的原因和隐藏在生产过程的种种问题及不合理成分充分暴露出来，然后通过持续的改善活动，彻底消除引起成本增加的种种浪费，实现生产过程的合理性、高效性和灵活性的管理方式。

三、看板管理与目视管理的区别

1. 看板管理是企业实现精益生产的重要管理工具。

2. 目视管理是伴随着看板管理的发展而发展起来的，并且不断完善。

3．从应用范围上来说，目视管理要比看板管理大得多，甚至可以说看板管理是目视管理的一部分内容。

4．从应用企业上来说，目视管理适合于所有企业，而看板管理则主要适合于流水线、组装式作业的企业。

第二节　目视管理的特点、类别和要求

目视管理与其他管理方法相比，具有更形象直观、容易识别、方便直接、传递信息快等特征，可提高班组的工作效率，做到信息公开化与透明度，便于现场各方面人员的协调配合与相互监督，同时便于公司其他部门及时准确地了解生产班组的各种信息，减少一些不必要的沟通环节。目视管理是能看得见的管理，能够让员工用眼看出工作的进展状况是否正常，并迅速做出判断和决策。

一、目视管理的特点

1. 信息公开透明

要遵循公开化、透明化的基本原则，尽可能地将管理者的要求和意图让大家看得见，借以推动自主管理或便于现场各方面人员的协调与相互监督。

现场的作业人员可以通过目视的方式将自己的建议、成果、感想展示出来，与领导、同事以及工友们进行相互交流。

2. 形象直观

容易识别、简单方便、传递信息快，可提高工作效率。

二、目视管理的类别

1. 红牌

红牌，适宜于5S中的整理，是改善的基础起点，用来区分日常生产活动中的非必需品，挂红牌的活动又称为“红牌作战”。

2. 看板

看板管理可应用于企业多方面的管理中，如用在5S的看板，是使用的物品放置场所等基本状况的表示板，如物品的具体位置在哪里、做什么用的、数量多少、谁负责，甚至是谁来管理等重要的项目都写得很清楚，让人一看就明白。因为目视管理有一个先决的条件，就是消除黑箱作业，看板可以帮助企业做到透明化、公开化。

3. 信号灯或异常信号灯

在生产现场，第一线的管理人员必须随时知道作业员或机器是否在正常地开动和作业，信号灯是工序内发生异常时，用于通知管理人员的工具，信号灯的分类如下。

（1）发音信号灯：适用于物料请求通知，当工序内物料用完时，或者应该供需的信号灯亮时，扩音器马上会通知搬送人员立刻及时地供应。几乎所有工厂的主管都一定很了解，信号灯必须随时让它亮，它也是在看板管理中的一个重要的项目。

（2）异常信号灯：用于产品质量不良及作业异常等异常发生场合，通常安装在大型工厂较长的生产、装配流水线。

一般设置红或黄两种信号灯，由员工来控制，当发生零部件用完，出现不良产品及机器的故障等异常情况时，往往会影响到生产指标的完成，这时由员工马上按下红灯的按钮，等红灯一亮，生产管理人员都要停下手中的工作，马上前往现场，予以调查处理，异常被排除以后，管理人员就可以把这个信号灯关掉，然后继续维持作业和生产。

（3）运转指示灯：检查显示设备状态的运转、机器开动及转换或停止的状况。停止时还会显示它的停止原因。

（4）进度灯：它是比较常见的信号灯，安装在组装生产线、手动或半自动生产线，它的每一道工序间隔是1～2分钟，用于组装节拍的控制，以保证产量。进度灯一般间隔为10分钟，对应于作业的步骤、顺序和标准化程序，它的要求也比较高。

4. 操作流程图

操作流程图是描述工序重点和作业顺序的简明指示书，也称为步骤图，用于指导生产作业。在一般的车间内，特别是工序比较复杂的车间，在看板管理上一定要有个操作流程图，原材料进来后，第一个工序可能是签收，第二个工序可能是点料，第三个工序可能是转换或者转制，这就叫操作流程图。

5. 反面教材

反面教材，一般是结合现物让现场的作业人员明白不良的现象及后果。通常是放在人多的显著位置，让人一看就明白，这是不能够正常使用或不能违规操作。

6. 提醒板

提醒板，用于防止遗漏。健忘是人的本性，不可能杜绝，只有通过一些自主管理的方法来最大限度地减少遗漏或遗忘。比如，有的车间内的进出口处，有一块板子，今天有多少产品要在何时送到何处，或者什么产品一定要在何时生产完毕，或者下午两点钟有一个什么检查，或是某某领导来视察，这些都统称为提醒板。一般来说，用纵轴表示时间，横轴表示日期，纵轴的时间间隔通常为一个小时，一天用8个小时来区分，每一小时，就是每一个时间段记录正常、不良或者是次品的情况（这需要让作业者自己记录）。提醒板一个月统计一次，在每月例会中总结，与上个月进行比较，看是否有进步，并确定下个月的目标，这是提醒板的另一个作用。

7. 区域线

区域线就是放置半成品的场所或通道等区域，用线条把它画出，主要用于标识整理与整顿、品质异常等。

8. 警示线

警示线就是在仓库或其他物品放置处用来表示最大或最小库存量的涂在地面上的彩色漆线，用于“看板作战”中。

9. 告示板

告示板是一种及时管理的工具，也就是一种让大家都知道某种事情的公告，比如说今天下午两点钟开会等，告示板就是书写这些内容。

10. 生产管理看板

生产管理看板是展示生产线的生产状况、进度的表示板，主要记录生产实绩、设备稼动率、异常原因（停线、故障）等。

三、目视管理的五点要求

1. 统一

目视管理要标准化，消除五花八门的杂乱现象。

2. 简约

各种视觉信号应易懂，一目了然。

3. 鲜明

各种视觉显示信号位置适宜，现场人员都能看得见、看得清、看得懂。

4. 实用

实用就是不要摆花架子，少花钱、多办事，讲究实效。

5. 严格

现场所有人员都必须严格遵守和执行有关规定，有错必究，赏罚分明。

第三节 班组目视管理的内容与方法

一、目视管理的内容

1. 规章制度与工作标准的公开化

为了维护统一的组织和严格的纪律，提高劳动生产率，实现安全生产和文明生产，凡是与现场工人密切相关的规章制度、标准、定额等，都需要公布于众，与岗位工人直接有关的，应分别展示在岗位上，如岗位责任制、操作程序图、工艺卡片等，并要始终保持完整、正确和洁净。

2. 生产任务与完成情况的图表化

现场是协作劳动的场所，因此，凡是需要大家共同完成的任务都应公布于众。计划指标要定期层层分解，落实到车间、班组和个人，并列表张贴在墙上，实际完成情况也要相应地按期公布，用目视管理的方法，让大家看出各项计划指标完成中出现的问题和发展的趋势，以促使集体和个人都能按质、按量、按期地完成各自的任务。

3. 与定置管理相结合，实现视觉显示信息的标准化

在定置管理中，为了消除物品混放和误置，必须有完善而准确的信息显示，包括标志标线、标志牌和标志色。因此，目视管理便自然而然地与

定置管理融为一体，按定置管理的要求，采用清晰的、标准化的信息显示符号，将各种区域、通道、各种辅助工具（如料架、工具箱、工位器具、生活柜等）均应运用标准颜色，不得任意涂抹。

4．生产作业控制手段的形象直观与使用方便化

为了有效地进行生产作业控制，使每个生产环节、每道工序能严格按照标准进行生产，杜绝过量生产与过量储备，要采用与现场工作状况相适应的、简便实用的信息传导信号，以便在后道工序发生故障或由于其他原因停止生产，不需要前道工序供应在制品时，操作人员看到信号，能及时停止投入。

例如，"广告牌"就是一种能起到这种作用的信息传递手段。各生产环节和工种之间的联络，也要设立方便实用的信息传导信号，以尽量减少工时损失，提高生产的连续性。例如，在机器设备上安装红灯，在流水线上配置工位元故障显示幕，一旦发生停机，即可发出信号，巡回检修工看到后就会及时前来修理。

生产作业控制除了产量控制外，还要有质量和成本控制，也要实行目视管理。例如，质量控制，在各质量管理点，要有质量控制图，以便清楚地显示质量波动情况，及时发现异常，及时处理。车间可利用板报形式，将"不良品统计日报"公布于众，当天出现的废品要陈列在展示台上，由有关人员会诊分析，确定改进措施，防止再度发生。

5．物品的码放和运送的数量标准化

物品码放和运送实行标准化，可以充分发挥目视管理的长处。例如，各种物品实行"五五码放"，各类工位器具，包括箱、盒、盘、小车等，均应按规定的标准数量盛装，这样，操作、搬运和检验人员点数时既方便又准确。

6. 现场人员着装的统一化与实行挂牌制度

现场人员的着装不仅起劳动保护的作用，在机器生产条件下，也是正规化、标准化的内容之一。它可以体现职工队伍的优良素养，也显示企业内部不同单位、工种和职务之间的区别，因而还具有一定的心理作用，使人产生归属感、荣誉感、责任心等，对于组织指挥生产，也可创造一定的方便条件。

挂牌制度包括单位挂牌和个人佩戴标志，按照企业内部各种检查评比制度，将那些与实现企业战略任务和目标有重要关系的考评专案的结果，以形象、直观的方式给单位挂牌，能够激励先进单位更上一层楼，鞭策后进单位奋起直追。个人佩戴标志，如胸章、胸标、臂章等，其作用同着装类似。另外，还可同考评相结合，给人以压力和动力，达到催人进取、推动工作的目的。

二、看板管理的内容

1. 工序内看板

工序内看板是指某工序进行加工时所用的看板。这种看板用于装配线以及生产多种产品也不需要实质性的作业更换时间（作业更换时间接近于零）的工序，例如机加工工序等。

2. 信号看板

信号看板是在不得不进行成批生产的工序之间所使用的看板。例如树脂成形工序、模锻工序等。信号看板挂在成批制作出的产品上，当该批产品的数量减少到基准数时摘下看板，送回到生产工序，然后生产工序按该看板的指示开始生产。另外，从零部件出库到生产工序，也可利用信号看板来进行指示配送。

3. 工序间看板

工序间看板是指工厂内部，后工序到前工序领取所需的零部件时所使用的看板，典型的工序间看板，根据看板就可到前一道工序领取。

4. 外协看板

外协看板是针对外部的协作厂家所使用的看板，对外订货看板上必须记载进货单位的名称和进货时间、每次进货的数量等信息。外协看板与工序间看板类似，只是“前工序”不是内部的工序而是供应商，通过外协看板的方式，从最后一道工序慢慢往前拉动，直至供应商。

5. 临时看板

临时看板是在进行设备保全、设备修理、临时任务或需要加班生产的时候所使用的看板。与其他种类的看板不同的是，临时看板主要是为了完成非计划内的生产或设备维护等任务，因而灵活性比较大。

三、常用的目视管理方法

1. 标示法：标示物品或场地是什么。

图4–1　标志法

2. 分区法：采用画线的方式表示不同性质的区域。

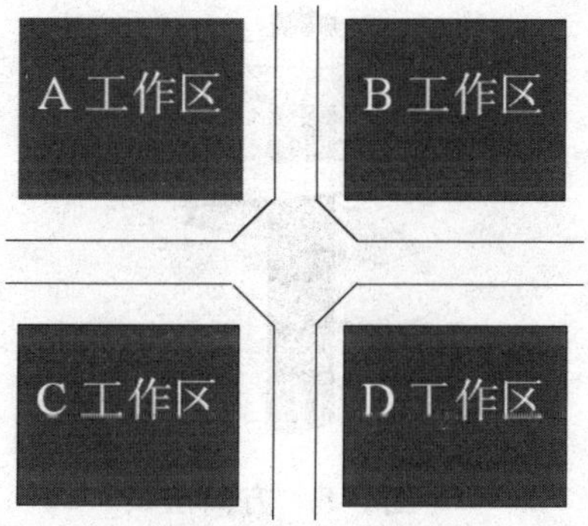

图4-2　分区法

3. 图形法：用图形标示功用或警示功能。

图4-3　图形法

4. 颜色法：用不同的颜色表示差异。

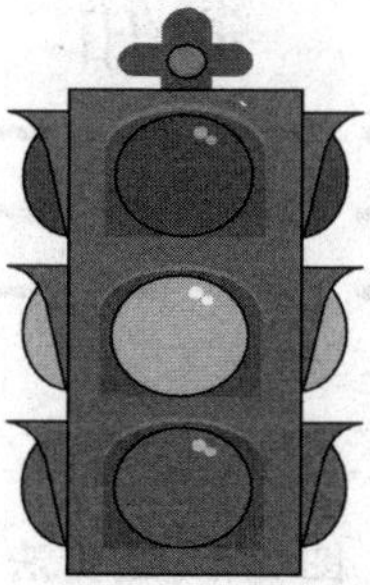

图4-4　颜色法

5. 方向法：指示行动的方向。

图4–5　方向法

6. 透明法：物品要开放，以便让他人及时了解其中的东西。

图4–6　透明法

7. 公告法：以公告牌的形式通知有关人员。

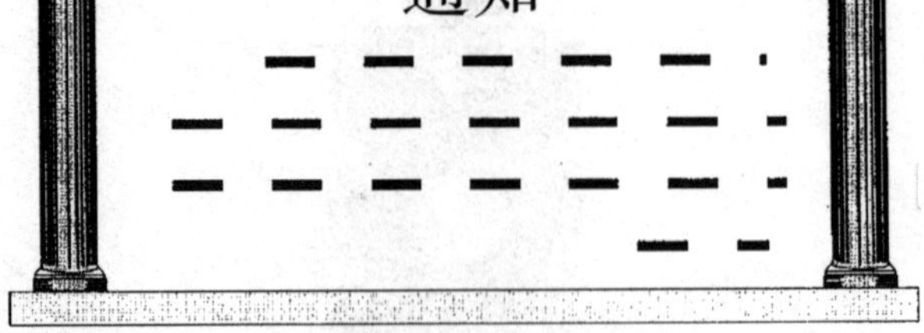

图4–7　公告法

8. 备忘法：及时记录在备忘本上，以免忘记。

图4-8　备忘法

9. 地图法：将公司的布置表示出来，如工厂布局图、车间平面图、仓库平面图等。

图4-9　地图法

四、生产现场常见看板举例

1. 宣传知识看板

宣传知识看板是指将各类生产管理知识、各类管理工具的运用方式等做成看板，在班组进行宣导。

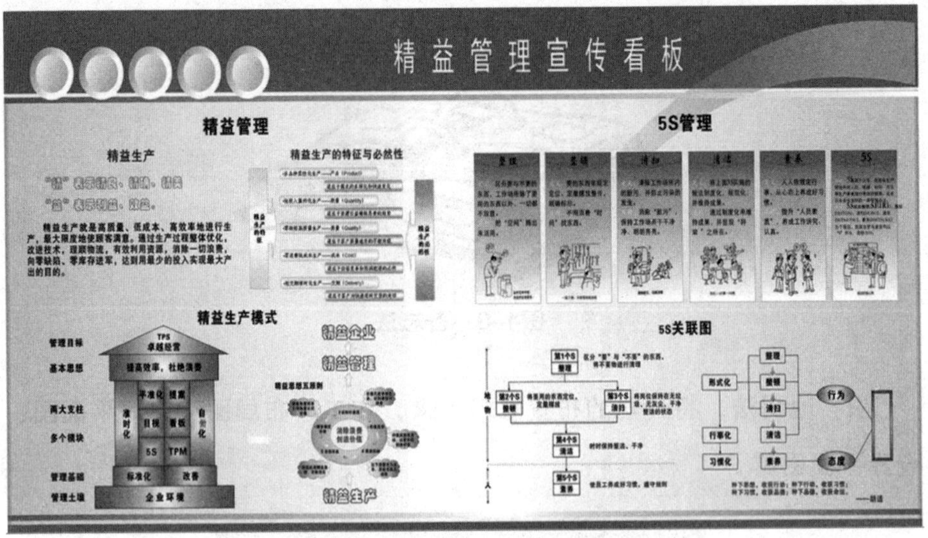

图4-10　宣传知识看板

2. 班组质量管理看板

是指将班组质量状况进行公布，目的是让员工关注质量数据、质量问题和改善措施。

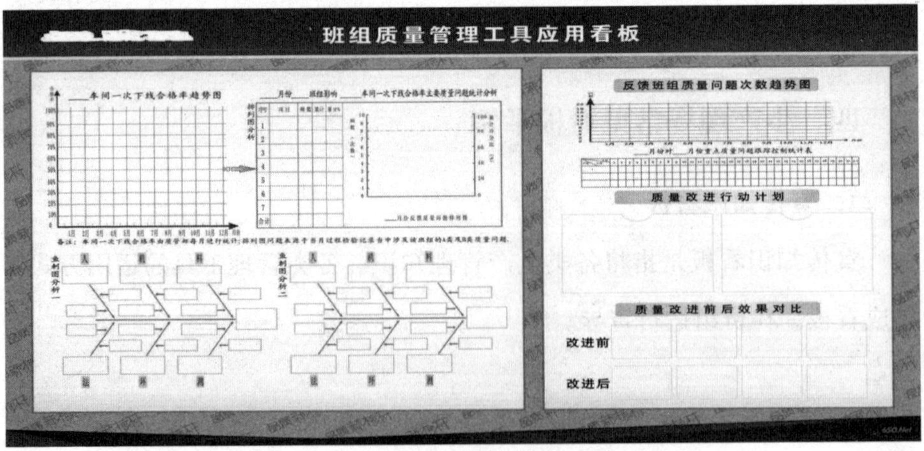

图4-11　班组质量管理看板

3. 生产计划看板

指将班组的生产计划公布于众，让所有员工了解生产进度情况。

图4–12　生产计划看板

4. 厂区平面图看板

将厂区、车间、仓库等布局做成看板，可让外来人员充分了解企业布局。

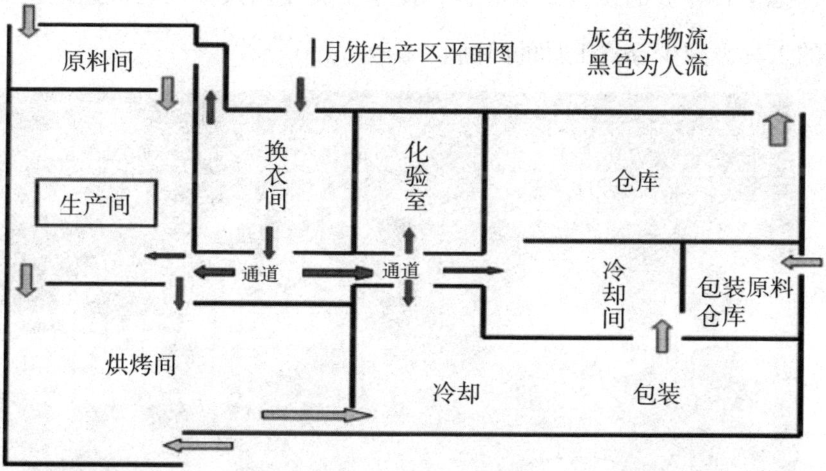

图4–13　厂区平面图看板

5. 维修进度看板

对设备、工具、车辆等的维修进度进行公布，让所有人了解维修进度状况，便于做好生产安排。

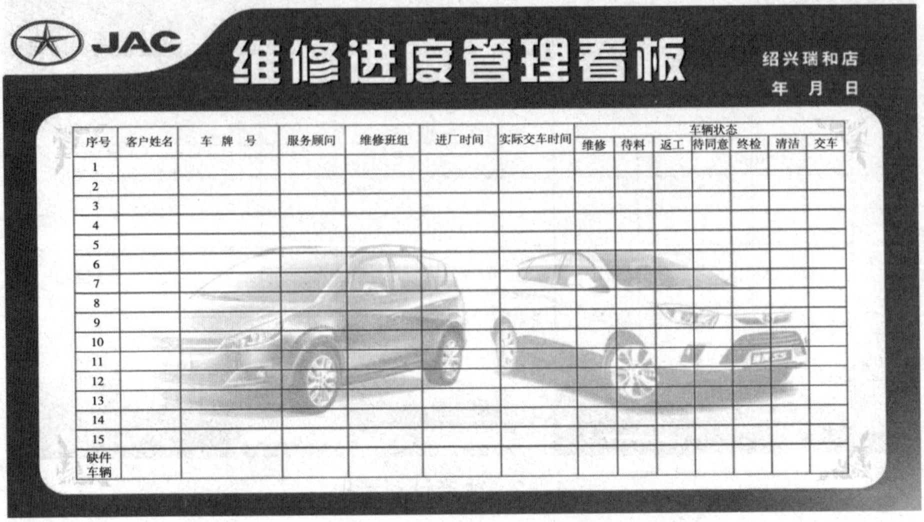

序号	客户姓名	车 牌 号	服务顾问	维修班组	进厂时间	实际交车时间	车辆状态						
							维修	待料	返工	待同意	终检	清洁	交车
1													
2													
3													
4													
5													
6													
7													
8													
9													
10													
11													
12													
13													
14													
15													
缺件车辆													

图4–14　维修进度看板

6. 工具管理看板

把工具存放的位置做成看板，便于工具使用人员及时快速地找到所要用的工具，减少寻找工具的时间。

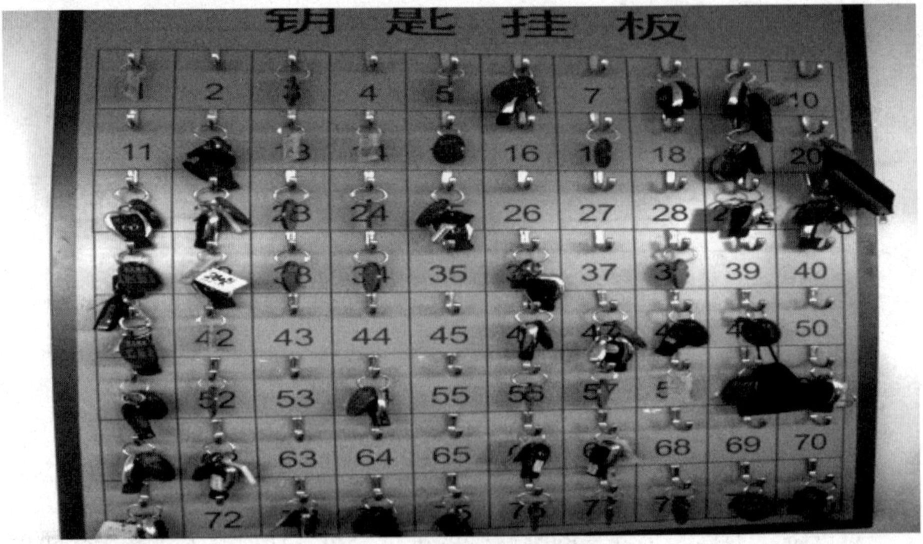

图4–15　工具管理看板

7. 各种标志说明看板

让员工了解各种警示要求。

图4–16　各种标志说明看板

看板管理的内容视企业或班组的实际管理要求可自行设计格式，切记不可照搬别人格式。

第五章
班组长的人员管理与培训

班组长是企业最基层的管理者，是班组生产工作的直接指挥和组织者，肩负着提高产品质量、提高生产效率、降低成本、防止工伤和重大事故的使命，担负着班组人员管理、人员培训、人员激励的职责。作为班组长要充分掌握新生代员工的特点，同时根据新生代员工特点，采用适用的培训技巧与方法，才能系统化提升班组员工的操作技能，做好班组人员的管理和正确评价员工表现。

第一节　充分了解员工的基本状况

一、当代“90后”“00后”员工的特点

在工作与生活等方面，我们发现“90后”“00后”性格有如下的特征：

1. 自我、认同

一切围绕着自我，不太考虑别人的感受，以我为尊，个性比较张扬，追求个人价值；自尊心强，对批评有本能的抵抗，不愿意接受被改变；有自己的思想，爱发表见解，爱表现，常常是语不惊人誓不休；没有经历大风大浪，理所当然的心态较重，比较缺乏感恩的意识。

2. 快乐、前卫

真正崇尚追求快乐、逃避痛苦的一族，快乐是他们人生观的重要组成部分，如果不快乐，他们就会觉得人生失去了意义；他们生长在优越的生活环境下，比较追求物质享受与感官刺激；在物质极为满足的环境下，充分追求情感、审美、创新等精神享受。

3. 平等、尊严

追求平等与有尊严的生活，喜爱友善的人际互动与平等自由的沟通；从心里藐视权力和权威，厌恶传统的说教方式。他们甚至认为尊严比安全更为重要，比命运更有价值。

4. 敏感、情绪化

容易敏感，情绪反应强度大，情绪易波动，喜怒哀乐反复无常，且幅度较大；有着强烈的孤独感，感觉心灵和精神无人能理解；面对压力和挫折，心理承受能力比较差，当情绪低落时，常采取自疗的方式。

二、“90后”“00后”的缺点

1. 自我张狂

这是这一代独生子女的后遗症，家中父母由多子女过渡到一个子女的时候，真恨不得将所有的爱都倾注到他们身上。在这样的环境中长大，集所有人的宠爱于一身，不懂得兄弟姐妹之间的谦让礼道，也正因为这样，他们思考问题，总喜欢从自我的角度出发，而少于考虑他人的感受。所以，在以后的工作和生活中亦少于从朋友、同事，包括领导的角度考虑问题，给人以自我张狂的印象。但是，他们却不是一群真正自私无情的人，只是需要世事的磨炼。

2. 承受力差

自改革开放以来，人们的生活水平蒸蒸日上，生长在这个时候的“90后”“00后”，日子过得一帆风顺，没有战乱和饥荒，也没有担忧和恐惧，正所谓“生在新中国，长在红旗下”。没有经历过逆境的考验，心理承受能力相对较差，但是，他们也不是一群脆弱的人，他们有着坚韧的潜质，会在未知的逆境中成长为一群坚强的人。

3. 缺乏耐性

现在的社会总体来说都是比较浮躁的，年轻的“90后”“00后”自然也无法回避这样的社会问题，只有随着时间的沉淀和自身修养的增加，这样的缺点才可以慢慢克服。

4. 内心孤独

现实对于“90后”“00后”来说是残酷的，面对这样一个竞争激烈、优胜劣汰的社会，每个人都会觉得缺乏一种安全感，缺乏安全感就会不信任周边的人，于是就会产生孤独感，所以“90后”“00后”也是一群孤独的人。

5. 大手大脚

没有经历过“饥寒”岁月，成长在“衣食无忧”的环境中，而且还信奉“能花就能挣”的“90后”“00后”，更在乎的是当下的感受，自然无“后顾之忧”。

三、“90后”“00后”的优点

1. 单纯率真

深入地去了解他们，会喜欢她们这样的性格，因为跟他们沟通，不必费太多的周折，跟他们相处，也不必花太多的心思。他们会大方地告诉你他们想要什么？他们喜欢什么？又不喜欢什么？也会很坦诚地告诉你他们的理想和人生信条。

2. 聪明好学

“90后”“00后”赶上了一个好时代，大学扩招让他们绝大多数都有机会接受高等教育，但他们决不满足于现状，深造的深造，参加工作的也努力积累经验，“初生牛犊不怕虎”的精神也让很多前辈们敬佩。

3. 绝不服输

他们是一群不服输，也是一群打不倒的人，他们知道该干什么、不该干什么，有自己的人生信条和生活轨迹，只是需要时间的沉淀和岁月的积累。

4. 善于创新

他们充满激情与活力，不压抑自己，不循规蹈矩，容易接受新鲜事物，是企业变革的生力军；知识丰富，喜欢创新，常能够打破常规，独辟蹊径，用人得当可以更快地为企业创造价值。

四、“90后”“00后”员工的管理技巧

随着“90后”“00后”走向工作岗位，随之而来的管理问题也愈演愈烈，究竟是什么导致了新兴的工作团体与旧的管理机制发生冲突呢？下面我们就对此问题做一番探讨。

很多企业管理者抱怨：“真搞不懂‘90后’‘00后’的员工怎么回事？我们对他们已经够忍让的了！对他们好也不是，坏也不是！他们要求一箩筐，但做起事来却懒懒散散。到底要我们怎么做，他们才满意？”而“90后”“00后”员工则抱怨：“为什么领导就是不理解我，不信任我，我的能力比谁差啊？天天叫我干这干那，干完还不满意，这简直把我当活驴

使吗？”

用传统的管理模式去规范、约束和改造他们，难！因此，我们一要尊重他们，下班后他们干什么，没必要干涉；二要建立企业经理人制度和职业道德规范，而绝对不要用拔高的理念去约束他们。

有高层曾感叹：“遇到‘90后’‘00后’，我十几年的管理经验要清零了！”有些企业管理者开始患上“90后”“00后”管理恐惧症。因此，为适应“90后”“00后”员工的个性化发展需要，企业CEO及管理层必须顺势转变管理理念和认知方向，否则就会成为管理障碍。当越来越多伴着物质充裕和互联网成长起来的“90后”“00后”进入职场，面对这样一个与过去迥然不同的群体，作为管理者的“80前”们该如何做呢？是继续固执己见，让这些小年轻们去适应自己，以捍卫得之不易的权威，还是敞开胸怀，忘记过去的一切，试着去理解一个完全不同的内心世界，在新的基础上建立自己的影响力？

1. 魅力提前、命令退后

“90后”“00后”员工对粮票和自然灾害没什么概念，对动荡的认识仅停留于想象，他们闻不到芫荽散发的脉脉香气……但他们有供自己任意驰骋的网络原野。他们既拥有巨大的消费能力和欲望，又具备依靠个人奋斗取得成功的创业精神，也接受了比前辈们更为良好的教育。

他们反感训斥、推卸责任、玩弄权谋的管理者，他们需要尊重、关怀和真诚。对“90后”“00后”员工要更多地采取激励、指导的管理方式，而不是传统的硬性管理。管理者也要努力成为一个具有号召力的领导者，因此，管理者需要改变传统的管理观念和领导形象，强化领导方式的人性化与科学化，努力把自己打造成魅力型的管理者。

2. 平等提前、等级退后

他们宁愿失业，也不愿容忍自己的价值被忽略，“90后”“00后”员工有很强的自尊心，而且一不小心就可能导致彼此关系僵化，甚至做出离职的选择。因此，管理者应树立起平等心态，改变高高在上的命令式待人方式，可以采用商量的方式去解决问题和布置任务。如联想集团推行“称谓无总”活动，规定名字为三个字则叫后两个字，名字为两个字则直呼其名，否则就罚款50～100元。联想推行这种亲情文化，就是要打破上下级的等级观念，营造出彼此尊重、平等、宽松、包容、民主的企业文化氛围。这取决于企业老板在观念和行为上能不能真正做出改变。

3. 理解万岁、抛开成见

“90后”“00后”既是未来的主流消费者，又是员工，理解他们是通往未来的唯一道路。“90后”“00后”，由于这一群体独生子女多，从小就受到家庭的呵护，生活在一个完全自由自在的天地，一旦走入职场，一切都必须以业绩来论，单位领导也往往不会从体贴个人发展的角度来看待你的业绩，所以公司不能带给他们的家庭所能给予他们的关注，这让“90后”“00后”们感到被忽视、不被尊重，家庭和单位两种截然不同的评价标准使“90后”“00后”们产生了强烈的心理落差。最后觉得自我价值不能实现，从而造成了他们很实际的情感饥渴。

管理者对“90后”“00后”员工也有很多成见。例如：不能吃苦、眼高手低、合作性差等。而“90后”“00后”员工则抱怨：“为什么没遇到能懂我的上司？”面对“90后”“00后”员工，我们首先不要就把他们标签化。其实，“90后”“00后”员工希望得到尊重和肯定，获得价值认同感，而管理者也需要抛开成见与认知误区，用心去读懂“90后”“00后”员工的真正需求。

五、员工问题的处理

由于员工的性格不同，其行为方式也不同，作为班组长要根据员工不同的性格特征采取不同的应对方法，另外，因员工的道德水准不同、综合素质不同、对待事情的看法不同，班组长应根据不同员工类型的特点灵活应对。

1. 员工问题的类型

（1）主管人员感觉到的员工问题。

（2）主管人员预想到的员工问题。

（3）员工自己找上门要解决的问题。

（4）主管人员自己发现的问题。

2. 员工问题的处理方法

（1）掌握事实

①调查问题发生前的记录。

②涉及哪些规则和惯例。

③应与有关人员交谈。

④了解其说法与心情。

⑤应掌握全部事实经过。

（2）慎思决定

①整理事实。

②考虑各种事实间的相互关系。

③考虑可能采取的措施。

④确认公司有关规定。

⑤切忌做以偏概全的判断。

（3）采取措施

①是否应该由自己做？

②是否需要别人的帮助？

③是否要向上级报告？

④注意实施措施的时机。

⑤不要推诿责任。

（4）确认结果

①何时确认？

②要确认多少次？

③生产量、态度、相互关系是否变好？

④所采取措施对生产是否有贡献？

⑤目的是否达成？

六、员工问题处理的案例研讨

案例一　小赵的问题

某工厂有一位姓赵的作业员，他的技术很好，所以收入也相当不错。他所在部门每天都需要加班。某一段时间小赵在领薪日的第二天必定请假休息，已经成了习惯，因为现场工作非常忙，小赵请假对工作自然有很大的影响。

因此小赵的督导人员屡次劝告他不要请假，但小赵却回答说："现在五天赚的钱，比以前十天赚的钱还要多，请假对我的收入不会有太大的影响。"因此小赵依然我行我素。过一阵子小赵结婚了，从此他不再请假并努力工作，这位督导人员认为"小赵结婚需要钱了，所以不再请假"。小赵这种相当认真的工作态度维持了两三个月，不久公司依例调整工资。在领薪后的第二天，小赵又没有来上班。

他的督导人员猜测小赵的老毛病可能又犯了，认为他因为工资调整了，所以领薪后的第二天不上班的坏习惯又恢复了。这位督导人员想给他一个教训。他唯一想到的方法是罚他停工4～5日，使他的收入减少。

研讨：

（1）督导人员的目的是什么？

（2）督导人员的处理方法是否正确？

（3）假如你是督导人员会如何处理此员工的问题？

（4）此问题是属于哪一类的员工问题？

督导人员第二天上班时，通知小赵停工3天，中午吃饭时另一位督导人员对他说："你对小赵的问题处理太严厉，事实是在发薪的第二天他的父亲因交通事故受伤，小赵要赶到医院，他让邻居代为通知工厂，但邻居忘记了，小赵以为你知道这事。"

研讨：

（1）督导人员有什么方法可避免决策错误？

（2）这种员工问题的处理结果是否合理？

（3）如果让你来处理此员工问题，理想的结果是什么？

案例二　小钱的问题

有一位督导人员在巡视工厂时，发现有位姓钱的作业员，未关掉机器就拆下安全护罩，因此督导人员就大声地责备说："喂！小钱，我曾经告诉过你，不要在机器运转时拆下安全护罩。”谁知小钱也很大声地回答他：“如果你想要开除我，你不要找我麻烦，干脆明白地讲出来好了。”

这时督导人员接着说：“不要那么生气嘛，我并没有说要开除你，我是怕你这样做会把手弄伤了，到那时你就不得不辞职了，所以才提醒你注意。我想起来了，为什么你常常把安全护罩拿开，去检查机器，是不是机器有什么问题？”

小钱仍然生气地说：“好了，好了，你不必再说什么了，你用不着来管我！”

督导人员先回想了一些事情：我认识小钱有段时间了，他在工作场所中是数一数二的优秀作业员，但是现在却认为我是在找他的麻烦，事实上，他对机器的操作的确不太注意。昨天我也曾经对他说过他制成品不太好，应多加注意，并且在两三天前因他产量不如别人，我也曾纠正过他，到底是什么事情使小钱变成这样了呢？说真的，我最近可能对他说得过分了些，但是我不能装聋作哑不管事呀！像他那样总把安全护罩拆下的情况下操作机器是多危险的事呀！

之后督导人员就对小钱说：“小钱，今日下午我们来好好地谈一谈，好吗？你的工作我会叫一个人暂时代替你，不要担心。”

当天下午小钱来到督导人员的办公室。

督导人员对小钱说：“你来了，很好，请坐，请坐。小钱 ，你好像认为我在找你的麻烦，那你就误解了我，我是看到你那样操作机器非常危险，所以才一连纠正过你两次。最近你又有两次生产量没有达到标准，遇到这种情形，我当然不得不说你几句，这个道理，我想你一定很清楚，不必我多说明了。”

“对了，我倒要问一问你，你用的那部机器是不是有什么毛病？要不然你为什么常常拆下安全护罩，把手伸进去动这动那的，如果机器有问题可以送去修理呀！”

小钱说：“你的意思是不是要我每次在打开安全护罩调整机器前，都要走到开关的地方，关掉开关，挂上‘修理中，请勿动’的指示牌，走回来再做，那你未免也太过分了吧！你已经在怪我的生产量少了，你不是也怪我的制品不合格吗？如果我不调整机器，那么恐怕连一件合乎规格的制品都不会有了。”

“但是，小钱，这是安全的规则啊！你那样做，是很危险的，会使你的手受伤的。”

小钱说：“难道这样做会使公司有金钱上的损失吗？”

这位督导人员对小钱说：“当然这可能要花费公司一笔钱，但是公司关心的并不只是钱啦！我们同样关注员工的安全呀。”

小钱说：“怎么不是呢？有人就只想到钱的。”

“不见得吧。这可能会让我们损失一个很好的工作人员咧！那是不能用金钱可以换来的。”

“但是，并不是所有的人都这样想啦！”

于是这位督导人员很技巧地对小钱说：“小钱，你好像很看重金钱似的，但是依我看你在这方面不用担心啦。”

“我记得你以前跟我提过，你正在盖新房子是吗？那么你打算什么时候结婚呢？如果你有了太太，这种容易受伤的事你就要注意了。”

谁知小钱却斩钉截铁地说：“哦，就是我断了手，也不会有人担心我的。”

督导人员说：“至少，那位姑娘会担心！”

小钱说：“还谈什么姑娘的事，已经吹了。”

督导人员说："哦，原来是这样的，对不起，我说错话了，但是话又说回来，如果你受了伤，会使其他人担心的，我希望你想到这一点。"

小钱心情很差地说："就是这样，对我已经没有什么意义了，现在那位姑娘才不会担心我的事！她明明知道我正在盖新房子，结果房子只盖到一半，她就跟别人结婚了。如今还有什么好谈的，不论我发生了什么事，谁也不会来关心我，我再也用不着赚钱存钱了，一切都完了。"

听了此话，这位督导人员就安慰小钱说："这的确是个很大的打击，对谁来说，都是件痛心的事。但是人生总会有失意的时候，也会有顺利的时候，我们要尽量做到能提得起放得下才好，现在我倒希望你帮助我，找出目前生产线上到底有什么毛病，不然，产量和品质怎么会那么不理想呢？"

这时小钱的心情似乎平静了许多，他说："不是什么机器的问题，是材料上的问题，现在的材料没有以前那样好了，现在的材料常常有粗糙的毛边留在上面，因此做不多久，机器上就会堆积了许多残渣，我必须把它们清除掉，为了这缘故，我才拆下安全护罩，就这样我才有时会忘记把它再重新装上去。"

督导人员说："现在我才真正知道你受到困扰的原因了，让我们一起到现场去检查那些材料的情形好吗？你跟那位姑娘吹了，我听了也很难过。不过，今天你的话，使我了解了许多，真谢谢你。"

研讨：

（1）督导人员处理此员工问题的方法是否正确？

（2）督导人员处理此问题有哪些技巧？

（3）督导人员的面谈技巧有什么特点？

七、员工问题分析与处理练习

对于员工问题的处理分为四个阶段：掌握事实、慎思决定、采取措施与结果确认，班组长可以参照表5-1，对员工的问题进行梳理与分析，切实找出员工问题的真实原因所在，然后找出正确的处理方法。

表5-1　员工问题处理练习表

处理阶段	思考内涵	请依序说明
第一阶段 掌握事实	1．调查问题发生前的事实 2．涉及哪些规则及惯例 3．应与有关人员交谈 4．了解其说法与心情 5．应掌握全部事实经过	
第二阶段 慎思决定	1．整理事实 2．考虑各种事实间的相互关系 3．考虑可能采取的措施 4．确认有关规定与方针 5．符合目的吗？将有何种影响？ 6．切忌过早做以偏概全的判断	
第三阶段 采取措施	1．是否应该由自己做？ 2．是否要别人的帮助？ 3．是否要向上级报告？ 4．注意实施措施的时机 5．不要推诿责任	
四阶段 确认结果	1．何时确认？ 2．要确认多少次？ 3．生产量、态度及相互关系是否变好？ 4．所采取措施对生产是否有贡献 5．目的是否达成？	

八、激励员工的方法

激励的作用是巨大的，适时给员工激励，可以提高员工的士气，使班组的员工同心同德，提高工作效率。班组长对员工的激励似乎有一定的难度，因为班组长作为基层干部，手中没有激励的权限，尤其是物质奖励必须得到公司的授权，但班组长在有限的资源前提下，能够对班组员工进行激励，也体现了班组长的管理能力。根据马斯洛的人的需求的五大层次理论（见图5-1），不同员工是需要不同需求的激励的。

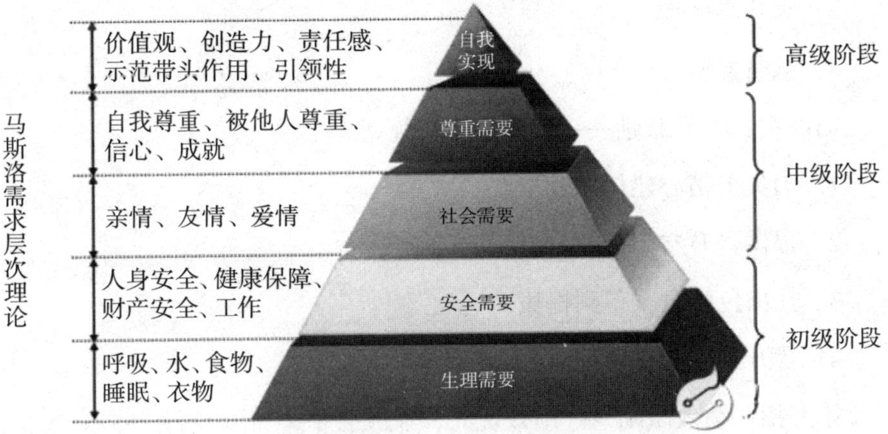

图5-1　马斯洛需求层次理论

员工激励15招：

第一招：榜样激励——为员工树立学习的标杆

1. 定期“挖掘”行为榜样。

2. 领导者以身作则--身教重于言教。

3. 培育行为榜样。

4. 忌夸大或虚构榜样形象

5. 忌搞形式主义

第二招：参与激励——彰显全员智慧

1. 让员工参与管理，保护员工的积极性。

2. 让员工有知情权。

3．让员工成为“局内人”。

4．给员工创造提建议的环境

第三招：薪酬激励——人之所需，物欲为先

1．设计薪酬制度。

2．保持有竞争力的薪酬。

3．高薪高效率。

4．减时提薪。

第四招：晋升激励——远谋近略，规划人生

1．为员工精心建构职业生涯。

2．提供晋升空间。

3．让出色的员工得到提拔

4．晋升制度公平合理

第五招：绩效激励——绩效优先，兼顾公平

1．制定有效的绩效指标。

2．制定具有挑战性的目标。

3．效绩评估公平、公正、公开。

第六招：尊重激励——给员工以尊严

1．记住员工的姓名。

2．尊重员工的隐私。

3．尊重员工的兴趣

4．虚心向员工请教问题

第七招：授权激励——合理授权，参与管理

1．举贤不唯亲。

2．遣将不如激将。

3．责权同授。

4．培育部属。

5．留住人“财”。

6．导者要干自己的事，不干别人能干的事。

第八招：沟通激励——干劲是“谈”出来

1．运用非正式沟通激励员工。

2．做一个善听的管理者。

3．保持顺畅的沟通渠道。

4．倾听员工的心声。

第九招：认可激励——精神励人，贵在弥久

1．肯定和认可员工。

2．给予荣誉和重视。

3．肯定个人成就。

第十招：包容激励——海纳百川，有容乃大

1．大度集亲朋。

2．不求全责备。

3．不拘一格用人才。

4．兼听则明。

第十一招：情感激励——点点滴滴，真情关爱

1．真诚的关怀

2．从细微处做起。

3．贵有度。

4．帮员工念好难念的“经”。

5．抓住员工的内心

第十二招：赞美的激励——适时赞美，真心喝彩

1. 赞美要公正。

2. 赞美不要太多。

3. 赞美要具体。

4. 赞美要广而告之。

5. 忌讳褒一贬多。

6. 忌讳奖励“中庸”。

7. 忌讳任意拔高。

第十三招：信任激励——使员工自信的催化剂

1. 疑人不用，用人不疑。

2. 给员要发挥的空间。

3. 信任无处不在。

第十四招：竞争激励——优胜劣汰，适者生存

1. 优秀者得到晋升。

2. 良者给予物质回报。

3. 及格者强化培训。

4. 差者淘汰。

第十五招：目标激励——明确目标，可望可及

1. 目标应是明确、具体的。

2. 目标应是可衡量的。

3. 目标应是可完成的。

4. 目标应是可实现的

5. 目标是有时间限制的

您对员工激励的感悟：

____

____

九、处罚员工的方法

在员工做错事的时候，班组长也要采取处罚措施，对员工处罚应采取哪些方法与技巧才比较合适呢?

1. 严厉与委婉相结合

作为班组长对出现错误的员工既要严厉又要委婉，要记住员工也是人，也要脸面和自尊，对员工错误的行为要严厉批评，但对员工的批评态度要委婉，既让员工认识到自己的错误，又要让员体会到领导的耐心与帮助。

2. 先表扬后批评

批评员工的时候，不要动不动就把员工直接臭骂一通，这是最不可取的做法。班组长要先对员工的优点进行表扬，然后再指出不足，最后再对员工错误的行为进行严厉批评，多数员工在接受表扬之后更容易接受批评，要让员工看到了领导不只是盯着他的错误。

3. 多表扬少批评

批评员工时一定要讲究技巧，一定抓住大众的心理，能不批评的事情就尽量不要批评，该表扬的时候一定多表扬。在表扬过程中对偶尔出现错误的员工进行批评，大多数员工都能接受。

4. 私下批评

一般情况下表扬要当众，批评尽量不要当着大家的面进行，不然，挨批评的员工的自尊心必会受到极大的打击，从而对班组长产生怨恨，而私下里批评，较容易被员工接受。

5. 寓教育于批评当中

批评教育是为了减少员工在工作中的错误，以多为部门与公司谋利益，所以要把批评教育当成一次与员工交流的机会，大家把彼此的想法做一个交换，在这个过程中班组长可以更准确地对员工犯错的原因进行有效的教育。

6. 适当的处罚

对于那些对公司造成严重损失的员工，可以进行适当的处罚，当然，处罚要根据公司的规定以及员工所犯错误的严重程度来决定，一定要记住要适当，处罚的目的是让员工认识到事情的严重性，处罚要准确、合理、要适当、要言行一致、要有灵活性。

第二节　新员工培训TWI-JI

新员工进入一个陌生环境，在心理上与行为上都会存在一些问题，班组长要注意这些问题，给予适当引导与培训，让新员工尽快适应新环境，接受新的工作，尤其是“90后”“00后”的新员工越来越多，作为班组长更应了解新生代员工的特点，因地制宜采取不同培训与教导的方式，让新员工尽快适应工作岗位要求。

一、新员工TWI-JI培训的步骤

TWI（Training Within Industry），即现场管理者培训，包含TWI-JI工

作教导，TWI-JM工作方法、TWI-JR工作关系、TWI-JS工作安全，本节重点介绍TWI-JI工作教导，其目的是让班组长掌握新员工的培训技巧，提高培训效率。TWI-JI工作教导有四个阶段：

第一阶段：学习准备

（1）平心静气。

（2）告诉他将做何种工作。

（3）查知他对这种工作认识的程度。

（4）创造使他学习的气氛。

（5）使他进入正确的位置。

第二阶段：传授工作

（1）将操作的主要步骤一步一步地讲给他听，写给他看。

（2）讲清楚操作要点。

（3）清楚地、完整地、耐心地教导。

（4）不要超过他的理解能力。

第三阶段：试做

（1）让他试做并及时改正错误。

（2）请他一面试做，一面说出主要步骤，再让他做一遍，同时说出要点。

（3）教导至确实了解为止。

第四阶段：考验成效

（1）请他开始工作。

（2）指定协助他的人。

（3）常常检查。

（4）鼓励发问。

（5）逐渐减少指导。

二、新进员工培训中应避免的错误

1. 未给予学习者和自己充分的心理准备。

2. 没有训练时间表及作业指导书。

3. 没有完整的工作教导四个阶段的理念。

4. 班组长不懂得如何教导及表达。

5. 没有实际操作及欠考核成效。

6. 使用代用品传授。

7. 自己很熟练，但是不懂得如何教导。

结论：假使学习者未曾学到，乃因教导者未曾教他。

三、工作教导应准备的事项

1. 作业指导书（SOP）：打领带的作业指导书（见表5-2）

在进行员工培训时有作业指导书做指导，会让培训更容易，员工也更容易上手。

表5-2 打领带的作业指导书

作业名称	打领带	标准编号			
		制定日期		修正	
使用工具治具材料	领带	适用范围			
主要步骤		要点说明		异常处理	
一、交叉		1. 长的在上			
		2. 第2扣			

续表

二、绕左圈		
三、绕右圈		
四、绕大圈		
五、拉紧	1．不打褶 2．结的形状为倒三角形	
自主检查		

2. 新进人员训练能力分级标准——新员工培训计划

班组长在做员工培训前要拟定新员工培训计划（见表5-3），目的是按计划培训员工，将车间不同工序操作分为不同的等级，并对员工目前所具备的操作能力进行盘点，不具备工艺操作能力的员工，排出培训计划并落实，最终的目的是培养“多能力”。

表5-3　人员训练能力分级表

XX企业公司		新进人员训练能力分级标准						制定			年 月 日			
编号：201801								第 次修订			年 月 日			
厂长			主管							组长				制定
第级	时间	姓名/项目	吴××	曾××	陈××	翁××	涂××	杨××	许××	曾××	刘××	傅××	黄××	林××
1	1日	装模助理	√	√	√	√	√	√	√	√	√	√	√	√
2	7日	1．冲外型 2．定方向 3．欠孔	√	√	√		√	√	√	√	√	√	√	11月2日
3	30日	深浅调整	√	√	√		√	√	√	√	√	√		
4	60日	装模	√	√	√		√	√	√	√	√			
5	90日	冲针更换	√	√	√		√	√	1/5	1/8	10/25			
6	120日	孔修正	√	√	√		√	√	√					
副手		修理模具	√	√	√	√		√	√	√	√	√		

3. 工作教导评价表——评价班组长培训能力

工作教导评价表是由主管对班组长的培训能力进行的综合评价。具体方法是按照表5-4中1～10项内容进行打分，每项分数是1～10分，通过打分找出班组长在员工工作教导中存在的不足，从而对不足之处加以指导，其目的是综合提升班组长对员工的培训能力。

表5-4　工作教导评价

项目				1	2	3	4	5	6	7	8	9	10	11	12
日期	部门	职务	姓名	场所物品标准	训练时间表	工作分解表	学习准备	工具物品说明	样品准备	手势标准	说明	考勤成效	现场评价	总评	评审员
注：A+（10分）　A（9分）　A-（8分）　B+（7分）　B（6分）　B-（5分）　C+（4分）　C（3分）　C-（2分）															

第三节　班组员工OJT在职培训

OJT（On The Job Training）即在岗培训或在职培训，是企业最常见、成本最低，收益最好的培训方式。企业管理人员在发现员工工作不足时，现场对员工进行指导，帮助员工掌握知识、技能。

在工作岗位上，一边工作一边配备“师傅”对员工进行现场指导，是企业培养和提升员工工作能力的必由之路，尤其是对新员工尽快熟悉业务和提高业务能力，这是最直接、最有效的方法之一。在职培训是管理人员日常管理工作的重要组成部分，在实际的运作中，应结合公司的需要和实际情况，采取日常管理与培训管理组织并行的方法，开展适合本企业的在职训练。

一、OJT的特点与实施步骤

1. 首先要明确OJT实施的目标

OJT的目标就是结合实实在在的现场业务，通过新人与老员工（部门经理、部门主管或经历丰富的员工）一对一的指导及自我学习，让学习者尽快掌握本岗位所必要的基本知识及专业技能，并尽早胜任自己的工作。这种方法的特点是以现场操作为中心和主动学习为主，再配备有能力的员工做认真的指导，是一个行之有效、开放式的训练方法。

2. OJT在职培训有很多优点

第一，它是通过日常业务进行有针对性的指导和培训，所以培训的结果可以直接通过业务反映出来，对培训效果也比较容易测评。

第二，在规定的期限内可以反复进行训练，直到达到既定的目的。

第三，一对一的指导方法可以对受训者进行手把手的训练，而工作现场又是培养工作能力的最佳场所。在现场手把手地进行指导和训练，可以最大限度地保证培训的效果，正因为OJT有这么多优点和好处，很多企业都采用在职培训的方式。

3. OJT实施的五个步骤

第一步：把握培训的需求。

需要明确学习者在业务上最薄弱的地方在哪里，存在的主要问题有哪些，个人希望得到哪些提高，班组长或主管希望对哪些地方进行指导等。

第二步：设定OJT指导的目标。

通过一对一的指导，学习者要达到的期待水平、指导的期限和达成的时间，同时还需要考虑到设定的目标一定要符合下属的水平以及部门条件。

第三步：制订OJT指导计划和日程表。

计划是实现目标的重要手段和方法，务必建立详尽的指导计划和日程表，在做计划之前，要了解清楚下属的实际情况，对员工的工作能力进行分类，并对不同的员工采取不同的指导方法。

第四步：实施OJT。

按制订的计划开始进行有序的指导，并利用各种业务和现场机会，指导者不失时机地对学习者进行指导和培养，有问题及时给予纠正。

第五步：评价和反馈。

评价和反馈是OJT的最终阶段，要认真评价和总结目标的达成情况，包括对过程中的问题点把握、改善的事项、与本人的面谈等。

二、OJT具体操作的方法

OJT的培训可以分成两类，一是员工在工作中出现问题时，班组长要随时进行指导和纠正，这也是在职培训的一种；二是把OJT作为一个项目来启动，比如说拟订新员工的OJT计划，并按上面提到的步骤一步步去实施。班组实施OJT的时间长短要结合公司的实际情况而定。有的企业对员工岗位技能的要求很高，比如以电力检修为例，要培养一个能上岗独立操作的员工，至少需要两年甚至更长的时间，并需要现场的不断磨炼。因此，要结合本公司的特点开展OJT培训，但不管情况怎样，都必须事前制订详细的计划并有效实施，这样才能达到预期的训练目的。

对新员工进行OJT教育是新员工入门培训重要的一项内容，实施时间的长短由各公司自行决定，但通常不少于六个月，同时在具体操作的方法上也有所差异。下面介绍一下新员工在职训练的具体方法。

1. 准备事项

（1）制作OJT日志本。

公司要统一制作OJT日志本，并发放给每个新员工。

（2）制订指导计划。

根据指导对象确定指导的内容，并提前和学习者进行沟通。

表5–5　OJT指导计划表

区分	共事指导事项	部门指导事项
第一月		
第二月		
第三月		
第四月		
第五月		
第六月		

（3）确定指导者。

指导者提前准备相关的学习资料，并拟订具体的指导日程表。

（4）确定OJT的时间。

在实际操作时，要确定起始日期和结束的日期。

2. OJT的主要内容

（1）完成OJT日志。

就像写日记一样，要求学习者在接受指导期间，每天要记录当天学习的内容，写OJT日志，指导者要以周为单位进行OJT日志确认。

表5-6　一对一周指导日志

时间：　年　月　日——年　月　日		主管		经理
第（ ）周	本周主要实习计划	产施结果		
星期一				
星期二				
星期三				
星期四				
星期五				
感想及需要指导事项 新员工：		指示及指导事项 指导者：		

注：由新员工制订周实习计划，并填写实习结果。

（2）一对一指导评价。

要求学员对自己接受指导期间的态度、素质及业务熟练度等方面进行自我评价，然后由指导者再进行评价和确认。

表5-7　一对一周指导评价表

<table>
<tr><td>部门</td><td colspan="2"></td><td colspan="3">新员工</td><td></td><td colspan="2"></td></tr>
<tr><td>评价时间</td><td colspan="2">年　月　日—年　月　日</td><td colspan="3">指导者</td><td></td><td colspan="2"></td></tr>
<tr><td>入职日期</td><td colspan="2"></td><td colspan="3">部门分配日期</td><td></td><td colspan="2"></td></tr>
<tr><td colspan="9">评价方法：
1. 针对OJT期间一对一指导结果，以及态度、素养和业务的熟悉度进行指导评价
2. 参考本人评价，由部门经理进行评价
3. 最终评价结果（部门经理）</td></tr>
<tr><td colspan="2" rowspan="2">评价项目</td><td rowspan="2">评价基准</td><td colspan="4">评价</td><td rowspan="2">本人评价</td><td rowspan="2">部门经理评价</td></tr>
<tr><td>优秀</td><td>良好</td><td>一般</td><td>不足</td></tr>
</table>

续表

态度及素养	自我开发的欲望	自觉工作、自我开发的动机强，并且为此付出努力	15	12	9	6		
	责任感	对指导内容和业务执行结果报有诚实和负责的态度	15	12	9	6		
	积极性	自觉自愿地要求指导，积极参与业务工作的愿望和程度	15	12	9	6		
	理解判断力	快速地掌握指导的核心内容，并迅速正确地处理状况的能力	15	12	9	6		
	协作性	为了和谐的人际关系和工作需要，有自我牺牲的精神积极协助他人	15	12	9	6		
业务熟知度		一对一指导计划执行程度及业务熟悉程度	25	20	15	10		
合计								
最终评价意见		部门经理：						

（3）完成业务手册。

为了使新员工尽快熟悉和掌握业务的流程、方法、工作的标准等，让新员工一边工作、一边体验和总结，并自己动手完成业务手册，指导者进行点评和反馈。

表5–8　业务手册制作评价表

部门经理		培训部门	与今后负责业务的关联性
时间	选择业务		
第一个月			
第二个月			
第三个月			
第四个月			
第五个月			
第六个月			

续表

评价项目	分数	评价基准	部门经理评价（次）							部门评价	平均
			1	2	3	4	5	6	合计		
内容充实度	20	业务手册是否充实									
业务理解度	20	正确掌握业务流程									
	20	业务步骤是否做到标准化、最小化									
实际适用度	20	在实际业务中的适用性									
	20	是否容易理解									
合计	100										

（4）完成相关书籍的读书报告。

指导者给新员工指定在OJT期间要阅读的专业书籍，要求每个月一本。通过阅读相关的业务书籍，增加业务知识，加强对业务的理解。

表5–9　读书报告评价表

部门经理		培训部门	与今后负责业务的关联性
时间	选择业务		
第一个月			
第二个月			
第三个月			
第四个月			
第五个月			
第六个月			

3. OJT的具体实施及推进

表5-10 OJT的具体实施及推进计划表

实施日期		年 月 日—年 月 日	3个月
项目		内容	时间
选定指导者		在新员工分配至部门一周内指定指导者，负责对新员工进行指导，指导者要具有两年以上工作经历、能给新员工作出表率，并且是部门内部的业务专家	完成日期
一对一	指导计划	指导者制作六个月重点指导的项目及指导目标	完成日期
	指导日志	以周为单位，新员工自己完成主要业务内容指导的报告，并得到指导者及部门经理的确认	每周一次
指导评价	指导评价	对六个月内一对一指导的结果、态度和素质进行本人自我评价，再交给部门经理进行确认评价	完成日期
制作业务手册	制作要领	叙述业务流程要点，叙述各阶段的业务进行内容及处理方法，各流程之间的关联性等 每月完成1份，要求详细根据实际的业务，规定不少于多少张A4纸	每个月完成一个
	评价	每月制作的业务手册，所在部门经理进行评价，部门内负责此项业务的员工也要进行评价	每月评价一次
读书报告	制作要领	每月与指导者商议后，选择并阅读一本与业务相关的书籍，阅读后完成读书报告	每月一个
	评价	每月完成的读书报告，要得到所在部门经理的评价，同时部门内负责此项业务的员工也要进行评价	每月评价一次，
OJT计划的综合评价		将一对一指导评价、业务手册、读书报告提交给OJT负责人进行综合评价	完成日期

4. OJT评价方法

表5-11　OJT评价方法

评价项目	详细评价项目	比重
一对一指导评价	自我开发的欲望，责任感，积极性，理解判断力，团队协作，业务熟知度	40%
业务手册	内容充实度，业务理解度，实用性	30%
读书报告	完成认真度，内容理解度，总结概括能力，实用性等	30%

注：每个评价项目满分100分，以此为基准进行打分后，按照比例进行换算，分期数进行评价。

一对一指导评价：以学员自我评价为基础，由部门经理最终评价。

业务手册：合计三次的部门经理评价及培训部门评价分数（每个月一次）。

读书报告：合计三次的部门经理评价及培训部门评价分数（每个月一次）。

5. 实施OJT的注意事项

在推进OJT训练方法时，培训管理者和主管人员应注意以下几点：

（1）制订相应的制度并落实到实处。

对员工实施OJT教育是培训管理者的一项重要的工作内容，这项训练必须要得到各部门的大力配合，因此，必须制订有关的制度，以保证这种培训方法能很好地推行下去。有的公司，把OJT作为部门主管业绩考核的一个指标，让部门主管真正承担起培养下属的责任。

（2）日常管理就是在职训练。

培训的方式和方法很多，各部门主管要树立起“日常管理就是在培训”的意识，并且明确在职培训的重要意义，抓住工作中的每个机会，认真耐心地指导下属。在职培训不是一场运动，必须持续坚持才能达到提升员工工作能力的目的。

（3）正确对待员工的错误和出现的问题。

作为主管人员必须明白，员工只有通过日常工作的摔打和实践的过程，才能得到成长；也应该让员工明白只有不断努力学习，不断提升自己的能力，才能成为受企业欢迎的员工。刚进入企业的员工，对企业的一些工作程序、规章制度以及具体的做法都还不够熟悉，出现一些问题在所难免。如果管理者一味地指责和批评，就会挫伤员工的积极性，当然就不利于员工的培养。

（4）言传身教、以身作则。

我们知道“身教胜于言教”的古训，它提醒管理者要注意自己的言行举止。管理者在日常工作的所作所为，不论是有意或是无意的，都会对员工产生很大的影响，因此，管理者和指导者要做好自身的管理，给员工树立学习的榜样。

（5）创造宽松的学习空间。

在指导下属员工时，管理者要特别注意不要扼杀员工的积极性和好的想法，在遵守工作流程和标准的前提下，给员工更大的发挥空间。经验可以说是双刃剑，工作中需要一些过去的经验，但过分依赖经验就跟不上变化的要求。

（6）经常进行过程的跟进。

对于较成熟的员工来说，管理者给予他适当的自由，到最后确认工作的结果不失为一种好方法。但对于一般员工而言，还是要经常进行过程的跟进从而确保最终效果。在实施OJT过程中，指导者要经常与员工确认目标达成情况和成长的进度，对于员工进行必要的提示，同时对于发现的新问题及时采取纠正措施，对于发现的进步给予必要的表扬，从而令员工认识到自己取得的阶段性成果，建立起更加努力学习和工作的信心。

没有专人负责OJT项目的企业，可以简化OJT的内容，就新员工需要做的那部分工作，配一名业务娴熟而且有指导能力的员工进行辅导，帮助新来的员工尽快熟悉自己的工作，而指导的时间也可以根据实际情况和业务的难易程度来定。

OJT的训练方法并不是仅仅适用于对新员工的培训，对工作了解一段时间但工作技能等不理想的员工也可以采用一边工作一边指导的方法，对非新员工的OJT训练，可以结合本公司的情况进行改善，并作出训练计划表，有计划地进行指导和教授，培训的方法要灵活多变，不断结合本企业的实际改善后运用，才能得到更好的效果，千万不可生搬硬套。

第六章
班组的品质管理

质量是企业的生命，强化质量意识是抓好班组产品质量的思想基础，公司产品质量优劣与生产数量、发展速变、经济效益等有着密切关系，没有产品的高质量，就谈不上生产的高速度，优质才能有效地增加产量，才能增加企业的经济效益。产品质量低劣，是生产中最大的浪费，要克服那种只重视产量而忽视质量的错误思想。班组长要有良好的品质观念和品质成本意识，熟练掌握常用的品质管理工具，并应用到班组的生产现场，方能管好班组的产品质量。

第一节　正确的品质观念

一、产品品质与客户的关系

产品品质就是指产品的质量，也指产品固有特性满足要求的程度。

好的品质就意味着要满足顾客的要求、需要和期望，所以我们必须认真地倾听客户的心声，树立正确的客户观念，客户是上帝、是“衣食父母”，我们的一切都来源于我们的客户，无论如何我们必须取悦于我们的客户。

在市场学里有一个定律：如果一个顾客满意，他会把这种满意告诉其他6个人；如果一个顾客不满意，他会把这种不满意告诉其他22个人。

张瑞敏曾说过：“一个产品被淘汰，并不是被你的竞争对手淘汰的，而是被你的客户淘汰的。”

其实在公司内部也有我们的客户，但往往被大家忽视了，你的下一道工序就是你的市场，下一道工序就是用户！

品质、成本、服务、交期与客户的关系见图6–1。

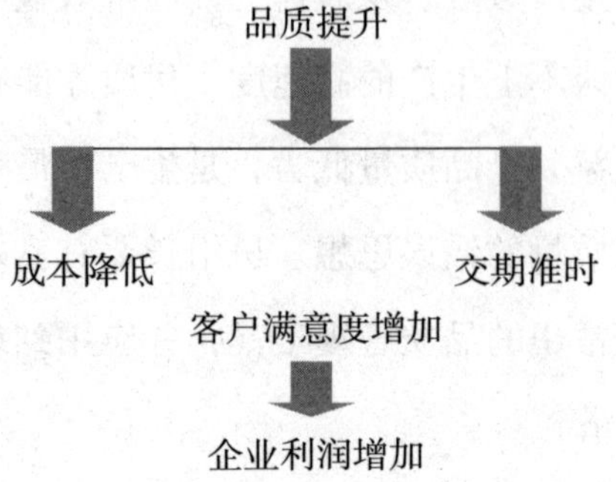

图6–1　品质、成本、服务、交期与客户关系

二、班组长应有品质观念

1．品质不是检查出来的，是设计出来的、生产出来的、预防出来的和习惯出来的，是以客户的满意度为依归的。

2．品质与每个人息息相关。

3．每个人员都非常清楚地知道自己的工作要求，并且使自己所做的每一件事情都符合要求，就是在对品质做贡献。

4．零缺陷，100%是可以完全达到的。

5．品质的提升不能一蹴而就，必须通过持续改进才能达到。

6．没有好的品质，公司明天可能就要破产，我明天可能就要失业。

7. 别人能保证产品品质，我们也一定能做到。

8. 优秀的产品是优秀的人干出来的。

9. 下一道工序就是自己的市场，下一道工序是用户！将下一道工序当作自己的消费者，每一个人都对自己生产的产品品质负责，这样也是在对消费者负责。

10. 全员追求产品的优良品质，全面品管，全员参与。

11. 我们的工作就是零缺陷。

12. 品质重在预防。

13. 品质改善无止境。

14. 品质第一，产量第二。

15. 品质是价值与尊严的起点，是企业赖以生存的命脉。

16. 品质没有折扣，品质就是按照客户的要求不折不扣地执行！

17. 品质改善人人有责，要有改善的意识。

三、品质管理的七大原则

品质管理七大原则源于ISO9001：2015版的要求。包括以下七个原则。

1. 以客户为关注焦点

（1）识别客户需求。

（2）将客户要求变成内部需求，最终变成产品/服务需求。

（3）提高客户对产品服务的满意度。

（4）与客户进行良好的合作与沟通。

2. 领导作用

（1）领导的以身作则。

（2）为员工提供必要资源，并为员工创造良好的工作氛围。

（3）责任与权限要明确划分。

（4）公司发展目标的设定（长、中、短期目标）。

（5）为员工提供计划与策略。

3. 员工意识

（1）每位员工均要担当责任。

（2）每位员工在自己的工作岗位上积极寻求改善。

（3）提升自身的能力、知识与经验。

（4）创造客户价值。

4. 过程的方法

（1）识别过程。

（2）明确过程控制的方法与手段。

（3）过程的结果与反馈。

5. 持续改进

（1）持续改进范围：产品品质、质量管理体系、服务、客户满意度。

（2）公司质量目标与数据统计分析。

（3）定期进行内部质量体系审核与管理评审。

（4）进行员工培训。

6. 循征决策

（1）进行公司各项运营数据的收集。

（2）对数据的结果进行分析。

（3）对数据反映出来的结果采取纠正与预防措施。

7. 关系管理

（1）企业利益相关方双赢，即股东、社区、供方、员工、客户等多方共赢。

（2）利益相关方成为生命共同体。

（3）利益相关方共同协作成长与发展。

四、品质成本介绍

所谓的品质成本指的是与品质有关的一切成本的总称，它包括不符合品质要求而造成的人、财、物浪费的成本以及为了预防这些浪费而产生的费用。

品质成本包含预防成本（5%～15%）、鉴定成本（10%～20%）、内部损失成本（25%～35%）、外部损失成本（20%～35%）。

1. 预防成本（5%～15%）

预防成本包括以下内容。

（1）品质计划工作费。

（2）产品设计评审费。

（3）供应商评价费用。

（4）品质审核费。

（5）顾客调查费用。

（6）品质培训费。

（7）品质改进措施费。

（8）品质奖。

（9）过程控制费用。

2. 鉴定成本（10%～20%）

鉴定成本是“用于试验和检验，以评定产品是否符合所规定的品质水平所支付的费用”，一般包括以下各项。

（1）进货检验费。

（2）工序检验费。

（3）成品检验费。

（4）试验设备维修费。

（5）试验材料及劳务费、破坏性试验所消耗产品成本以及耗用的材料和劳务费用。

3. 内部损失成本（25%～35%）

内部损失成本是交货前因产品不能满足品质要求所造成的损失，如返工、复检、报废等，通常包括以下各项。

（1）废品损失。

（2）返工损失。

（3）复检费。

（4）停工损失。

（5）产量损失。

（6）品质故障处理费。

（7）品质降级损失。

4. 外部损失成本（25%～35%）

外部损失成本是交货后因产品不能满足客户的要求所造成的损失，如保修、保换、保退、撤销合同及有关产品品质的赔偿、诉讼费用等，包括以下各项。

（1）索赔费用。

（2）退货损失。

（3）保修费用。

（4）降价损失。

（5）诉讼费用。

（6）返修或挑选费。

（7）其他损失，如公司信誉损失等。

第二节　品质检验流程与制度

一、进料检验（IQC）

进料检验是采取措施禁止不良材料进入仓库，避免不良物料混入生产过程，也是评价供应商的一个重要信息来源。

1. 进行检验项目

进料检验的内容通常包括外观、尺寸、电气特性、化学特性、物理特性和力学特性等（见图6–2）。

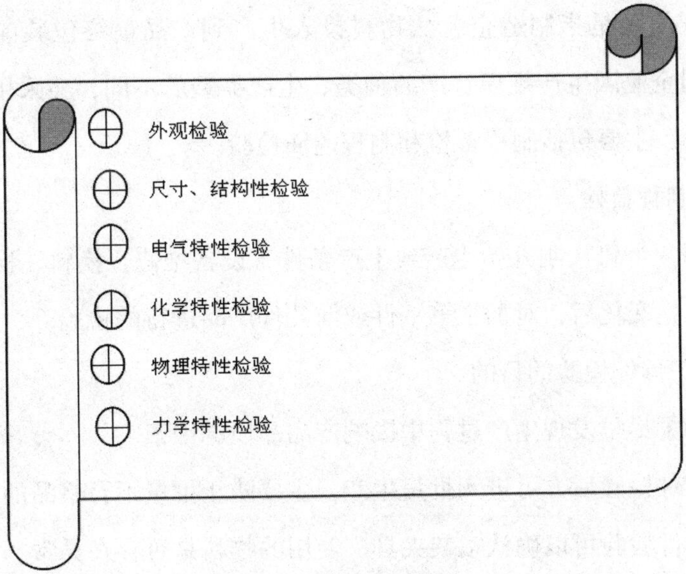

图6–2　进料检验项目

2. 进料检验的方法

（1）外观检验：一般目视、手感、限度样板。

（2）尺寸检验：用游标卡尺、千分尺、三次元测量仪等。

（3）结构检验：如拉力计、扭力计等。

（3）特性检验：多使用检测仪器仪表，如万用表、示波器等。

3. 进料检验规范（SIP）包含以下内容：

（1）参照进料检验的项目对物料进行检验（见图6–2）。

（2）抽样方式：对数量少、单价高的物料采用全检，对数量多或属经常性的物料采用抽检，对数量多，单价低的物料列为免检物料。

（3）判定标准：按MIL–STD–105E抽样计划规定的标准来判定是合格物料或不合格物料。

二、制程检验

制程检验是指制造企业从物料投入生产到产品最终包装前的品质检验。不同企业因生产规模、产品种类、生产类型的不同，会采用不同制程检验方法，主要包括制程首检和制程巡回检验。

1. 制程首检

对每一个班次刚开始生产或生产条件（设备维修、换料、换机、新模具等）发生变化后，对加工第一件或前几件产品进行的检验。

（1）首件检验的目的

①为了尽早发现生产过程中影响产品品质的因素。

②首件检验后方可进入批量生产，主要防止批量不合格品的发生。

③首件检验可以确认工装夹具、使用的物料是否存在异常。

（2）首件检验的时机

①批量产品开始投产前。

②设备重新调整或工艺条件发生变化时。

③轮班操作员工发生变化时。

④材料发生变更时。

（3）首件检验要求

①三检制：自检、互检与专检。首件必须先由操作人员自检，然后再由生产班组长进行互检，最后由检验员专检，确定合格后方可继续生产。

②检验合格的首件必须做好规定的标记，保存好首件检验记录。

③首件检验不合格时，必须查明原因，排除故障后重新检验，合格后方可进行后续生产。

（4）首件检验的主要检验项目

①是否符合图纸、技术文件的要求。

②材料或工件表面处理、安装是否符合要求。

③材料、工件与生产工单是否相符。

④配方、配料是否符合要求。

2. 制程巡回检验（IPQC）

对每一个班次在生产过程中的产品品质状况进行巡回抽检或全检，一般为2小时一次，由IPQC检验员执行检验，并将检验结果及时反馈给生产班组或生产主管，及时发现生产过程中存在的品质问题。

（1）巡回检验的目的

①为了尽早发现生产过程中影响产品品质的因素。

②及时纠正生产过程存在的错误。

③及时分析生产过程中存在异常的原因并采取措施。

（2）巡回检验的时机

①每天每班正常生产开始后。

②设备重新调整或工艺发生变化时。

③新产品上线时、新工艺试行时。

（3）巡回检验要求

①自检与专检：生产过程产品必须先由操作人员自检，最后由检验员按固定时间间隔进行巡回抽检。

②巡回检验发现的问题必须做好记录与标识。

③巡回检验发现不合格时，及时上报车间班组长，必须查明原因，排除故障。

（4）巡回检验的主要检验项目

①外观是否符合要求。

②尺寸是否符合要求。

③材料、工件与生产工单是否相符。

三、成品检验（QA）

成品检验是在完成各道生产工序后，由QA在产品入库前或出货前进行的检验，一般按照MIL-STD-105E抽样计划和《成品检验规范》进行抽检。

1. 入库前检验

成品在完成生产后，由生产部填写《送检单》，报送品管部QA进行检验。

（1）成品检验的项目

①核对送检单、报检产品与订单出货要求是否一致。

②核对报检数量与实物数量是否一致。

③检验成品外观、尺寸、性能、产品性能（含各种物理性能与化学性能）是否合格？

④产品包装要求是否与订单要求一致。

（2）成品检验结果的判定

①由检验员依据《成品检验规范》进行抽样检验，抽样样品中不合格的数量小于或等于允收数量时判定为合格批，相反判定为不合格批，不合格批将退回生产部进行处理。

②不合格品的分类：

A．严重缺点（CR）：是指导致人身伤害或产品无法使用的缺点。

B．主要缺点（MA）：是指可能造成产品功能障碍，降低其使用功能的缺点。

C．次要缺点（MI）：是指不影响产品的正常使用的功能或外观缺点。

2．出货前检验

出货前检验是指对经检验合格已入库的产品或已完成检验待入库已办理好出货手续的产品所进行的检验，出货前检验的目的是防止不合格品流入客户手中，避免客户投诉或退货，造成企业成本增加。

（1）出库前检验的内容

①外观、尺寸、产品性能。

②精度。

③安全性。

④包装方法是否正确。

（2）出库前检验应注意的事项

①核对生产资料，签收包装样板与订单是否一致。

②核对入库单与报检数量是否一致。

③检验合格后贴合格标签并办理出货手续。

④保留完整的产品检验报告，以备后续查询。

四、不良品的控制

不良品是指企业生产的不符合规定的或未达到客户要求的产品。加强不良品的管理，一方面能提高企业的经济效益，一方面可以降低生产成本，因此对不良品的处理是企业品质管理的重要一环。

1. 不良品的处理程序

（1）规定不良品判定与处理的职责与权限。

（2）对不良品进行标识与隔离，防止误用与误装。

（3）做好不良品记录。

（4）评价不良品，提出合理的处理方式。

（5）查找不良品发生的原因并提出改进措施。

2. 不良品的处理方式

（1）返工：为使不良品符合要求而对其所采取的措施。

（2）返修：为使不良品满足预期的要求而采取的措施。

（3）降级：为使不良品符合不同于原有要求对其进行等级的改变。

（4）报废：不良品确认不能返工或让步接收，或者返工费用过大，直接当垃圾品处理。

（5）让步接收：是指产品不合格，但其瑕疵对产品的性能、寿命、安全性、可靠性及正常使用无实质性影响，也不会引起客户投诉，从而在客户同意的情况下把这些不合格产品当成良品来处理的一种方式。

3. 不良品“三不放过”原则

（1）不查清不良品的原因不放过。因为查不到原因，就无法进行预防与纠正，不能防止品质问题重复发生。

（2）不查清责任者不放过。查清责任者的目的主要是为了预防，提高责任者操作技能、改进工作方法和态度，以保证产品品质的稳定性。

（3）不落实改进措施不放过。不管是查清原因还是查清责任者，其目的都是实施改进措施，从而提进一步提高产品品质。

“三不放过”原则是品质检验工作中的重要思想，坚持这种思想指导，才能真正发挥检验工作职能。

第三节　常用的品质管理手法

一、品质管理4M1E

4M1E是品质管理中常用的工具，4M1E是指Man（人）、Machine（机器）、Method（方法）、Material（物料）、Environments（环境），也是人、机、法、料、环五大因素。

1. 人

“人”是生产与品质管理中最大的难点，也是目前所有管理理论中讨论的重点，围绕“人”的因素，各种不同的企业有不同的管理方法。

人的性格特点不一样，对待工作的态度、对产品品质的理解就不一样。有的人温和，做事慢，仔细，对待事情认真；有的人性格急躁，做事只讲效率，缺乏品质意识，但工作效率高；有的人内向，有了困难不讲给班组长听，对新知识，新事物不易接受；有的人性格外向，做事积极主动，但是好动，喜欢在工作场所讲闲话。那么，作为他们的领导者，你就不能用同样的态度或方法去领导所有人。应当区别对待（在公平的前提下），对不同性格的人用不同的方法，使他们能“人尽其才”。尽力发掘性格优势，削弱性格劣势，学会善于用人。

2. 机

“机”就是指生产中所使用的设备、工具等辅助生产用具。在生产中，设备是否正常运作、工具的好坏都是影响生产进度和产品品质的一大因素。一个企业要发展，除了人的素质要提高、企业外部形象要提升，公司内部的设备也要更新，好的设备能提高生产效率，提高产品品质。

3. 法

“法”指生产过程中所需遵循的规章制度。它包括各种操作规程、标准工序指引、生产图纸、生产计划、产品作业标准、检验标准等。“法”的作用是能及时准确地反映产品生产要求和产品品质要求，严格按照规程作业，是保证产品品质和生产进度的一个重要条件。

4. 料

“料”指物料、半成品、配件、辅料等产品用料。现在工业产品的生产，分工细化，一般都有几种、几十种配件或部件，是几个部门同时运作，当某一部件未完成时，整个产品都不能组装，造成装配工序停工待料。不论你在哪一个部门，你工作的结果都会影响到其他部门的生产运作。当然，你不能只顾自己部门的生产而忽略后工序或其他相关工序的运作，因为企业的运作是否良好，是整体能否平衡运作的结果，所以在生产管理的工作中，必须密切注意前工序送来的半成品、仓库的配件、自己工序生产的半成品或成品的进度情况。一个好的管理者，是一个能纵观全局的能够为大家着想的人。

5. 环

“环”指环境，是指产品生产过程中对环境的要求，环境也会影响产品的品质。比如，食品行业对环境有专门的规定要求，否则，产品的卫生达不到国家规定的标准；电子产品对生产车间的清洁度、防静电要求等。人、机、法、料、环与产品的关系（见图6–3）。

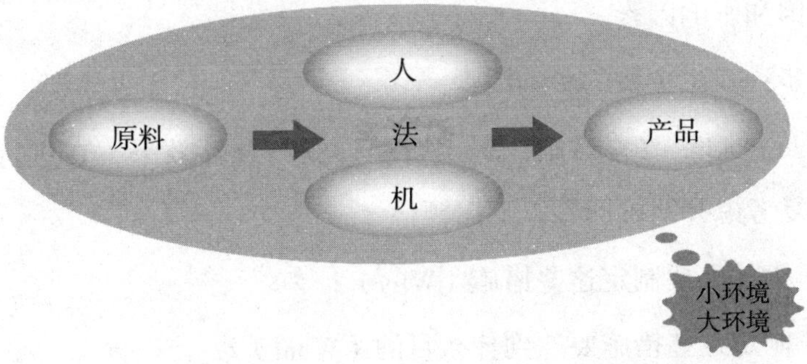

图6–3 人、机、法、料、环与产品关系

二、品质管理PDCA循环

1. PDCA循环的含义

PDCA循环是由美国品质管理专家戴明博士首先提出的，所以又称“戴明环”，PDCA循环将品质管理分为四个阶段，其所代表的含义如下：

①计划（plan）：确定活动目标与活动计划。

②执行（do）：按计划去执行。

③检查（check）：对计划执行结果进行检查。

④处理（action）：对执行的结果进行总结与分析。

在品质管理活动中，要求把各项工作按照做出计划、实施并检查实施效果，然后将成功的做法纳入标准化，不成功的留待下一个PDCA循环去解决的工作方法来进行，这是品质管理的基本方法，也是企业管理各项工作的一般规律。

2. PDCA循环的八个步骤

PDCA循环的八个步骤是四个阶段的具体化，这八个步骤具体如下：

第一步：分析现状，找出存在的品质问题。

第二步：分析原因和影响因素，针对找出的品质问题，分析品质问题产生的原因和影响因素。

第三步：找出主要的影响因素。

第四步：制定改善措施，提出行动计划与预计效果，在进行这一步时，要反复考虑并明确回答以下问题：

（1）为什么要制定这些措施（Why）？

（2）制定这些措施要达到什么目的（What）？

（3）这些措施在何处，即哪个工序、哪个环节或在哪个部门执行（Where）？

（4）什么时候执行（When）？

（5）由谁负责执行（Who）？

（6）用什么方法完成（How）？

以上六个问题，归纳起来就是原因、目的、地点、时间、执行人和方法，亦称5W1H。

以上四个步骤属于计划（P）阶段。

第五步：执行计划或措施（D，执行阶段）。

第六步：检查计划的执行效果，通过做好自检、互检、工序交接检验、专职检查等方式，将执行结果与预定目标对比，认真检查计划的执行结果（C，检查阶段）。

第七步：总结经验，对检查出来的各种问题进行处理，正确地加以肯定，总结成文，制定标准。

第八步：提出尚未解决的问题，通过检查，对效果还不显著或者效果还不符合要求的一些措施，以及没有得到解决的品质问题，不要回避，应本着实事求是的精神，把其列为遗留问题，反映到下一个循环中去（第七步、第八步是处理阶段，即A阶段）。

PDCA循环可以使我们的思想方法和工作步骤更加条理化、系统化、图像化和科学化。处理（D）阶段是PDCA循环的关键，因为处理阶段就是解决存在问题及总结经验和吸取教训的阶段，该阶段的重点在于修订标准，包括技术标准，没有标准化和制度化就不可能使PDCA循环转动向前。

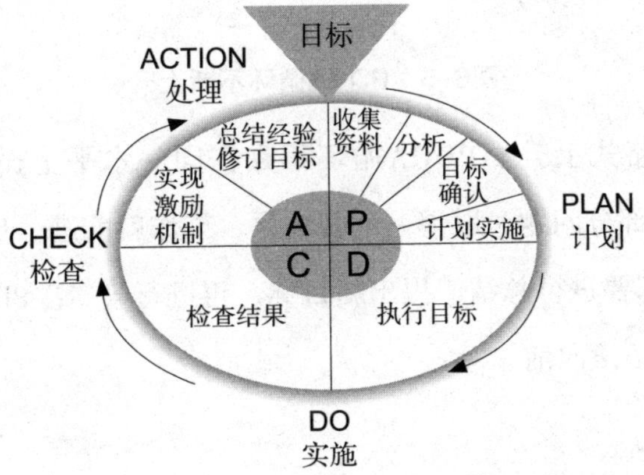

图6-4　PDCA循环的四阶段与八个步骤

3. PDCA循环的特点

（1）大环套小环、小环保大环、推动大循环。PDCA循环作为品质管理的基本方法，不仅适用品质管理，也适应于整个企业内的各个职能部门、工段、班组以至个人，各级部门应根据企业的方针目标，建立自己的PDCA循环，层层循环，形成大环套小环，小环里面又套更小的环。大环是小环的母体和依据，小环是大环的分解和保证。各级部门的小环都围绕着企业的总目标朝着同一方向转动，通过循环把企业上下的各项工作有机地联系起来，彼此协同，互相促进。

（2）不断前进、不断提高。PDCA循环就像爬楼梯一样，一个循环运转结束，生产的品质就会提高一步，然后再制定下一个循环，再运转、再提高，不断前进，不断提高（参照图6-5）。

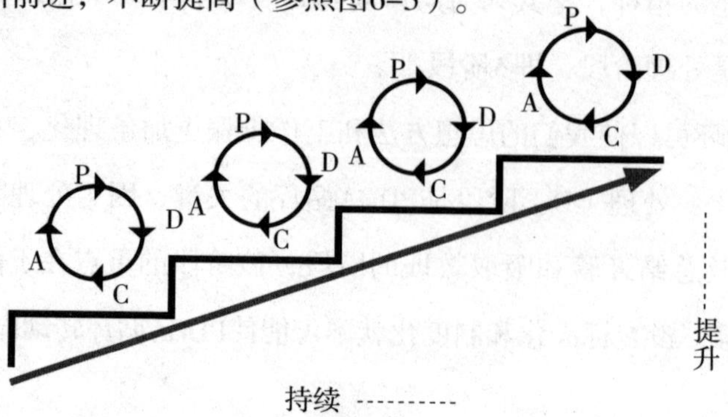

图6-5　PDCA循环不断上升

（3）闭路式上升。PDCA循环不是在同一水平上循环，每循环一次，就解决一部分问题，取得一部分成果，工作就前进一步。每通过一次PDCA循环，都要进行总结，提出新目标，再进行第二次PDCA循环，使品质管理的车轮滚滚向前。

第四节　品质管理常用的工具

一、查检表

1. 何谓查检表?

为收集某期间的资料（数据或语言）而事先设计的能在同一张表上用简单的方式作连续的记录的表格，它可很直观地反映产品整体状况，如表6-1，是对不良品的项目与发生时间进行统计的查检表。

表6-1　不良品统计查检表

单位：个

项目＼日期							合计
外径不良							
厚度不良							
尺寸不良							
擦损							
碰伤							
其他							
合计							

2. 为什么要用查检表?

（1）有效解决问题⇨依据事实⇨收集资料⇨查检表

（2）避免“观察”与“分析”同时进行。

（3）以“记录”代替“记忆”使观察更深入。

（4）避免收集资料时，渗入情绪、文字叙述等不明确因素。

3. 查检表分类

（1）记录查检表

①一般型：分类项目有原因别、设备别、不良项目别、人员别、缺点别等，如表6-1。

②次数分布表，如表6-2。

表6-2　次数分布表

组界	次数分布	合计
1.06 ~ 1.46	**	2
1.46 ~ 1.86	***** ***** **	12
1.86 ~ 2.26	***** ***** ***** ***** ***	23
2.26 ~ 2.66	***** ***** ***** *****	20
2.66 ~ 3.06	***** ***** ***	13

③位置别，如图6–6。

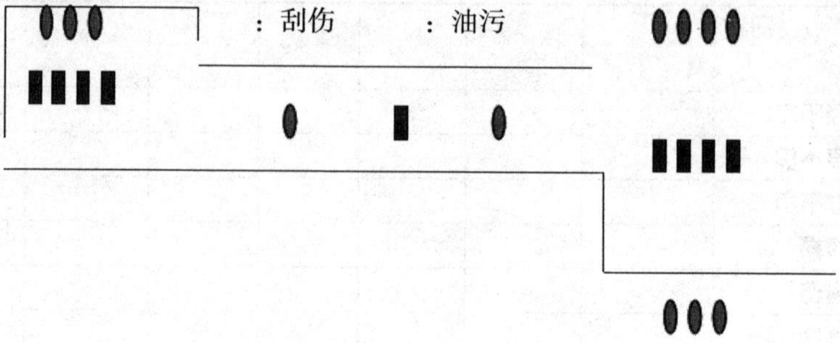

图6–6　不良品位置分布图

（2）点检用查检表，如表6–3。

表6–3　点检项目与次数统计表

顺 序	点检项目	出现次数
1	水 箱	
2	机 油	
3	刹车油	
4	方向灯	

4. 如何设计查检表？

（1）明确目的：明确数据收集的对象、范围，以利解析及解释。

（2）决定层别的角度。

（3）决定查检的项目。

（4）决定查检表的格式。

（5）决定数据记录的方式。

（6）决定数据收集的方式——用5WIH（人、时、事、地、方法、如何）明确下列事项。

①收集的人员。

②鉴定、检查与判定的方法。

③收集数据之周期、时间。

④检查方法：抽检或全检。

⑤如何抽样及样本个数。

5. 应注意事项

（1）设计时查检项目和方式尽量简要、具体、明确，其他项要列入。

（2）设计时要参照多数人的意见，并能让使用人共同参与。

（3）设计时尽量考虑多角度层别。

（4）尽量以简单符号、数字等填写，能正确迅速地记录。

（5）数据履历要清楚并考虑数据可靠性。

（6）人员教育训练。

（7）和相关单位的同一资料相互对比。

（8）收集资料时可考虑不同来源，以利于比较及相互鉴定。

（9）对原因别分类，若数据不易归类应改用现象来检查。

（10）易整理统计、归档。

（11）对归类、判定等犹豫时，勿自行乱猜。

（12）查检表在使用时发现不适需检讨修正。

二、层别法

层别法是就某个角度针对调查事项进行分类（分层），并收集各类资料（数据）以便相互比较。

1. 为什么要用层别法？

为了有效解决问题，在整个过程中就需要通过比较的方式来发现不同因素之间的差别，而要比较一定要有层别。

2. 层别角度

（1）人：组、班、年龄、服务年资、教育程度、性别、熟练度、职称。

（2）原材料：批别、供应商别、产地别、成分别、等级别、零件别。

（3）机械与工具：机号、形式、速度、位置、新旧、制具。

（4）作业条件：压力、温度、速度、回转速、湿度、气温、顺序、作业方法。

（5）产品：批、品种、新旧制品。

（6）时间：时别、日别、周别、月别、上下午别、年别、改善前后别。

3. 应注意事项

（1）层别角度的选择依目的并配合专业知识考虑。

（2）层别时勿将两个以上角度混杂分类。

（3）层别法是分析处理品质问题的成败关键，一般同品质管理中的其他方法一起使用，单独使用应特别注意，不能简单地按单一因素各自层别，应该考虑到各因素之间的相互影响。

（4）层别后应比较各作业条件是否有差异。

4. 层别的案例

层别法常用的是QC手法，下表是应用层别法制作成的点检表，是按机台与时间进行层别统计的案例（见表6–4）。

表6–4　机台与时间层别统计

		周一	周二	周三	周四	周五	周六
甲机台	材料	A	A	B	A	A	B
	产量	60	56	70	58	62	74
乙机台	材料	A	B	B	A	A	B
	产量	68	70	72	70	68	74

三、柏拉图（ParetoDiagram）

1. 柏拉图的由来

“柏拉图”是意大利经济学者V. Pareto于1897年分析其社会经济结构的状况时，把所得大小与有所得之间的关系用一定的方程式来表示，称为“柏拉法则”。

1907年美国经济M. O.Lorenz使用累积分配曲线来描绘“柏拉法则”，经济学上称之为“劳伦兹曲线”。

美国J. M. Juran将劳伦兹（Lorenz）曲线应用到品管上，同时创出VitalPew，Trivial Many（重要的少数，次要的多数）的名词，并借助Pareto名字将此现象定为“柏拉图原理”。

2. 柏拉图的定义

（1）根据所搜集之资料，按不良原因、不良状况、不良发生位置等不同区分标准，以寻求占最大比率之原因、状况或位置的一种图形。

（2）从柏拉图可看出哪一项目有问题，其影响程度如何，以判断问题的顽结点，并针对问题采取改善措施，故又称“ABC图”。

3. 柏拉图的做法

（1）造成问题的原因的分类：

①依结果进行分类：不良项目别、场所别、工程别。

②依原因进行分类：材料别、机器别、设备别、作业者别。

（2）决定收集资料的周期。

（3）按发生次数顺序，将项目及次数记入不良分析表。

（4）按分类项目别和统计资料作统计表（参照表6–5），计算出累计不良数与累积不良率。

表6–5 不良项目统计

不良项目	不良次数	不良率	累积不良率（%）	影响度（%）	累积影响度（%）
A	18	12.0	12.0	37.5	37.5
B	13	8.7	20.7	27.1	64.6
C	8	5.3	26.0	16.7	81.3
D	4	2.7	28.7	8.3	89.6
其他	5	3.3	32.0	10.4	100.0
合计	48	32.0	100	100	—

$$不良率=\frac{各项不良数}{总不良数}\times 100\%$$

$$影响度=\frac{不良次数}{总不良次数}\times 100\%$$

说明：①各项目按出现次数之大小、顺序排列，并求其累计次数；②求各项目的资料及累计数的影响度；③其他项排在最后，其他项若太大时，要检讨是否尚有其他重要要因需提出分列的。

（5）引用图表用纸绘出纵轴及横轴，纵轴左侧直线代表不良次数、不良率或损失金额，右侧纵轴代表累计影响度；横轴代表项目。点上累计不良次数（或累积不良率）及累积影响度，并以折线连接则得“柏拉图”（参照图6–7）。

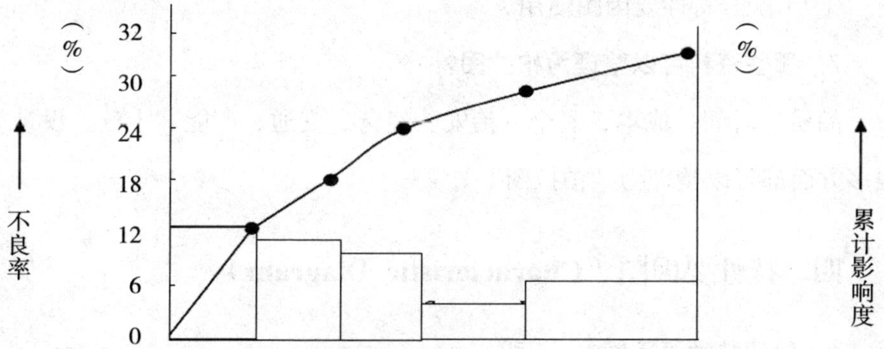

图6–7　柏拉图

4. 柏拉图绘制之注意事项

（1）横轴之项目别，须依大小顺序由高到低进行排列，其他项列于末项。

（2）项目别尽可能归纳成4～6项，必要时予以识别。

（3）纵轴之左侧尽可能换算成金额来表示，使其更具意义。

（4）柏拉图之柱形圆轴距离要相同。

5. 纵轴与横轴可以表示下列项目

（1）纵轴：金额、品质、时间、安全、其他等。

（2）横轴：现象、机器设备、作业者、作业方法、原料、时间等。

6. 柏拉图之用途

（1）作为降低不良的依据。

（2）决定改善的对策目标。

（3）确认改善效果。

（4）应用于发掘现场的重要问题点。

（5）用于整理报告或记录。

（6）可做不同条件的评价。

（7）配合特性要因图使用。

7. 哪些资料可以整理为柏拉图?

品质、时间、成本、安全、治安、经营、交通、产能、士气、设计等很多方面都可以整理为“柏拉图”。

四、特性要因图（Characteristic Diagram）

1. 何谓特性要因图?

对于结果与原因间或所期望之效果与对策间的关系，以箭头连接，详细分析原因或对策的一种图形称为“特性要因图”。

特性要因图为日本品管权威学者石川馨博士于1952年所发明，故又称“石川图”；又因图形状似鱼骨，故亦称“鱼骨图”；其在阐明原因与结果的关系，亦称“因果图”。

2. 特性要因图的绘制方法（参照图6–8）

步骤1：决定问题（或品质）的特性

步骤2：准备适当的纸张，绘出特性要因图的骨架，将特性写在右端，自左画上一条粗的干线（称母线），就是代表制程。

步骤3：把原因分成几个大类，每大类划于中骨上，并依制程分类，一般分为人、机、法、料、环等。

步骤4：探讨大的原因，再细分中小原因。

步骤5：决定影响问题点之原因的顺序，以集中思考、自由讨论的方式，指出认为影响可能性最大者，并于图中按顺序予以标记。

3. 绘图应注意事项

（1）集合全员的知识与经验。

（2）应用脑力激荡法，全员发言。

（3）把要因层别。

（4）把重点放在解决问题上，依5W1H的方法逐项列出。

（5）应按特性分别绘制多张特性要因图。

（6）原因解析越细越好。

（7）确认原因的重要程度，且须考虑其可行性、价值，并经讨论表决后决定。

（8）应将圈出的重要原因整理出来，重新制作另一个特性要因图。

（9）一个完整的特性要因图，必须经过三个阶段的酝酿。

①提出原因。

②说明原因。

③圈选要因。

4. 特性要因图的特点

（1）特性要因图的制作过程就是对员工进行教育培训的过程。

（2）就是讨论问题的快捷方式。

（3）展现现场问题的因果关系、工作层次。

5. 特性要因图的用法

（1）依末端小原因，调查现场实情。

（2）应置于工作场所附近，发现问题随即集合讨论应用。

（3）引用特性要因图所考虑的原因，依其影响程度进行现状分析（参考6-8），拟定改善对策。

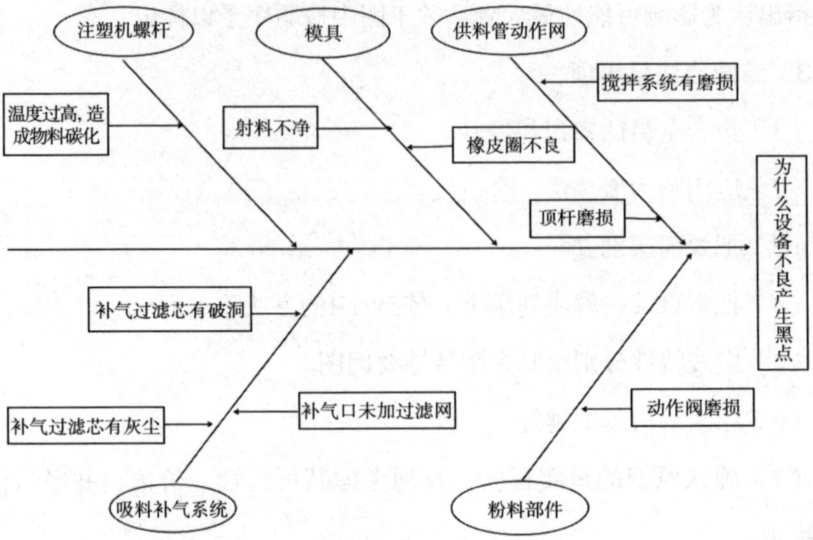

图6-8　特性要因图的分析（设备）

五、直方图

1. 何谓直方图？

将某期间所收集的计量值数据（如尺寸、重量、硬度……）经分组整理成次数分配表，并用柱形予以图式化，以掌握这些数据所代表的信息。

2. 直方图的绘制方法

步骤1：搜集50个以上的数据（计量值）。

步骤2：决定分组数量K，参见表6-6。

表6-6　常见样本与组数分配表

N	组数
0 ~ 50	5 ~ 7
50 ~ 100	6 ~ 10
100 ~ 250	7 ~ 12
250以上	10 ~ 20

步骤3：决定组距

（1）求全距R=最大值A−最小值B（除去异常值）。

（2）求组距C=全距/组数=R/K。

（3）从测定单位的整数倍之数据中，找出最接近C值之适当数据为组距。

步骤4：决定各组的组界

（1）取数据测定单位的1/2为境界值单位。

（2）最小值−测定单位×1/2=第一个境界值。

第一个境界值+组距=第二个境界值，第二个境界值+组距=第三个境界值，其他依此类推。

步骤5：求各组之中心值

中心值=［各该组之上组界（较大境界值）+各该组之下组界（较小境界值］/2。

步骤6：制作次数分配统计表，参考表6–7。

表6–7　次数分配统计表

组号	组界	中心值	划记	次数
1	50.5 ~ 52.5	51.5	***	3
2	52.5 ~ 54.5	53.5	*****	5
3	54.5 ~ 56.5	55.5	***** ***	8
4	56.5 ~ 58.5	57.5	***** ***** ***** *	16

步骤7：依次数分配统计表作直方图，横轴为特性，纵横为次数。

3. 直方图常见的类型

（1）正常型：常态分配，左右对称，中间高两边渐低，表示制程稳定，数据呈常态分布，如图6–9。

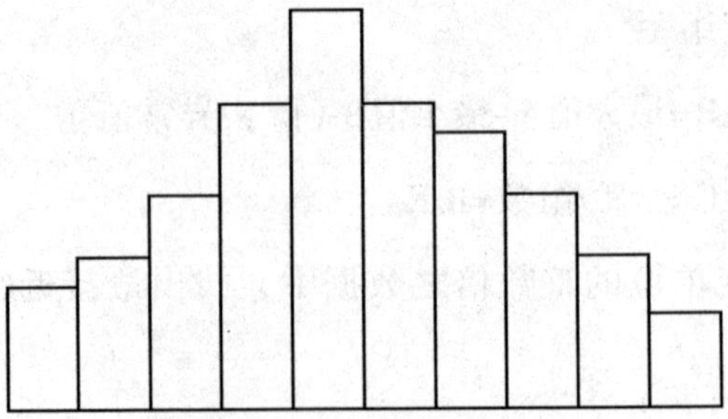

图6-9　正常型直方图

（2）缺齿型：显示制程有异常，原图可能是：A. 测定问题；B. 分组不好（如数据太少或组数太多）；C. 数据有修改或伪造，如图6-10。

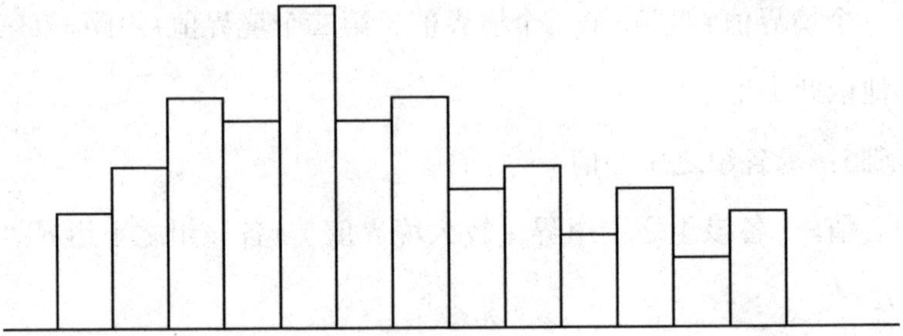

图6-10　缺齿型直方图

（3）偏态型：制程呈偏态分配，表示由于某因素影响而向右（或向左）蔓延，参照图6-11。

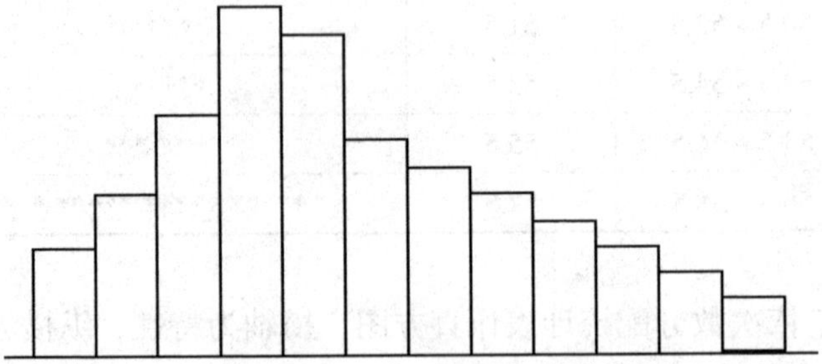

图6-11　偏态型直方图

（4）绝壁型：制程能力不足，制程产品经全检而将不良品修改使其合格时所出现的数据分配，参照图6-12。

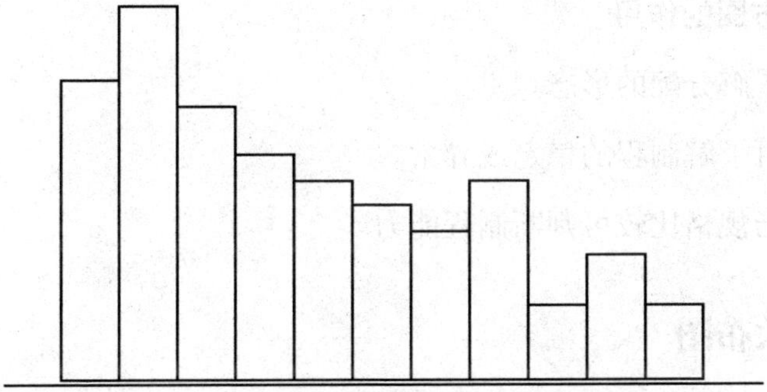

图6-12　绝壁型直方图

（5）双峰型：表示制程为两种不同分配组成，需层别4M等，参照图6-13。

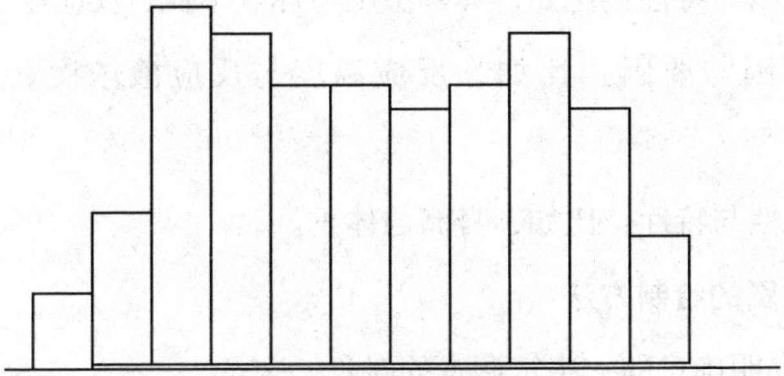

图6-13　双峰型直方图

（6）离岛型：工程变更、原料异常或测定误差所致，参照图6-14。

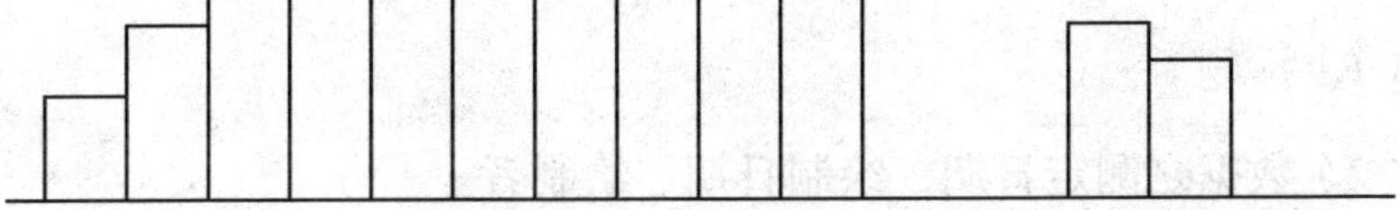

图6-14　离岛型直方图

4. 直方图的作用

（1）了解分配的形态。

（2）可了解制程的稳定或异常。

（3）与规格比较可判断制程能力。

六、散布图

1. 何谓散布图?

为了了解两种数据间的关系，而将这两种数据以有序成对的方式，在直角坐标上点绘成图。两种数据可为：

（1）要因与特性：比如，焊锡温度与焊点不良、反应温度与收量。

（2）要因与要因：比如，反应温度与反应液浓度、反应温度与压力。

（3）特性与特性：比如，身高与体重。

2. 散布图的绘制方法

步骤一：明确目的，决定调查的对象。

步骤二：收集数据——50～100组“成对数据”（最少30组）。

步骤三：分别找出两种数据之最大值及最小值。

步骤四：绘纵轴、横轴并作适当刻度（刻度大小应考虑最大值与最小值之差），通常横轴表示要因，纵轴表示特性。

步骤五：将成对数据于图上打点 。

步骤六：记入必要事项。

（1）标题。

（2）数据之测定日期、绘制日期、绘制者。

（3）样本数。

（4）产品名称、制程名称。

3. 散布图的看法

（1）正相关：x增大时，y也随着增大，参照图6-15。

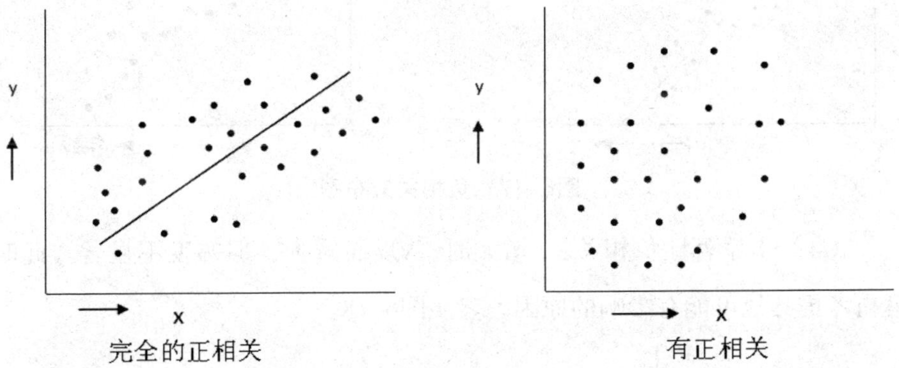

图6-15　正相关散布图

（2）非显著性正相关：x增大时，y也随之增大，但幅度不显著；此时宜再考虑其他可能有影响的要因，参照图6-16。

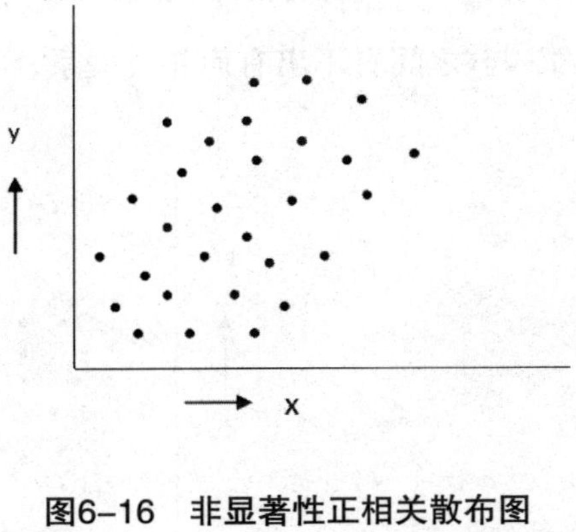

图6-16　非显著性正相关散布图

（3）负相关，x增大时，y反而减少，参照图6-17。

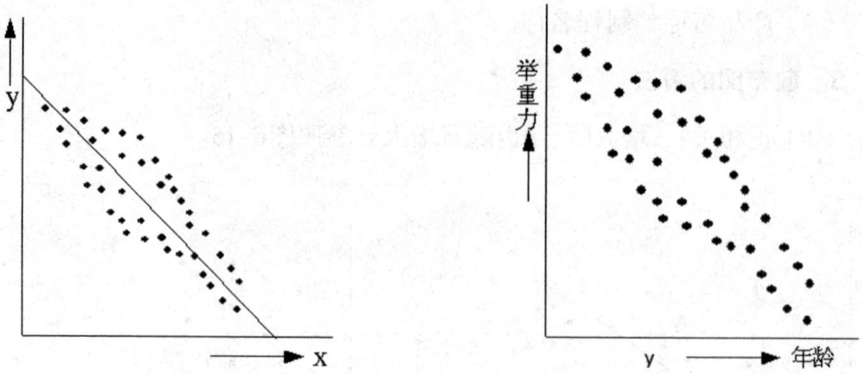

图6–17 负相关散布图

（4）非显著性负相关：x增大时，y反而减少，但幅度不显著。此时宜再考虑其他可能有影响的原因，参照图6–18。

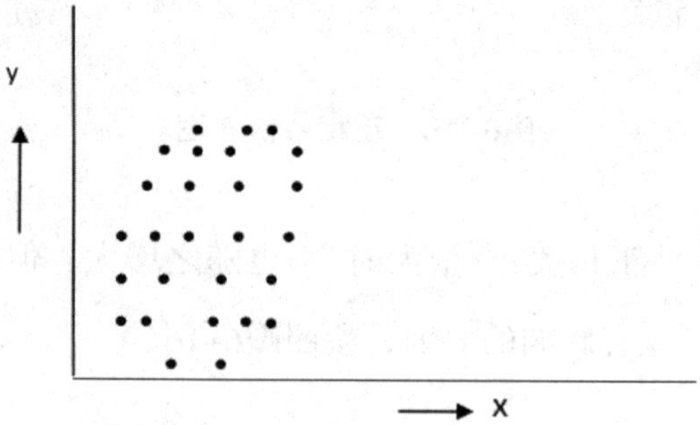

图6–18 非显著性负相关散布图

（5）无相关：①x与y之间看不出有何相关关系；②x增大时，y并不改变，参照图6–19。

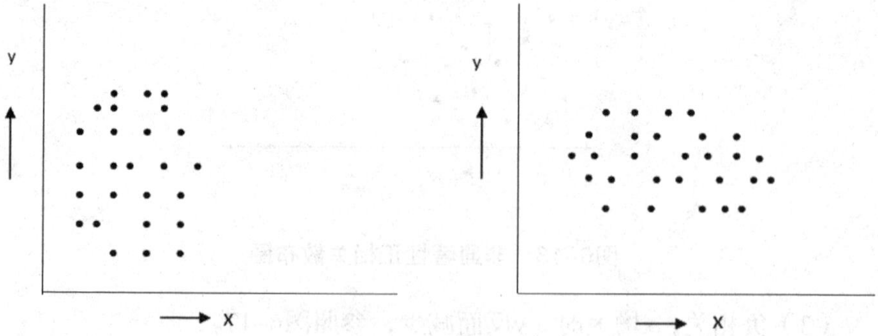

图6–19 无相关散布图

（6）曲线相关：x增大时，y也随之增大，但达到某一值后，则当x增大时，y却减少，参照图6-20。

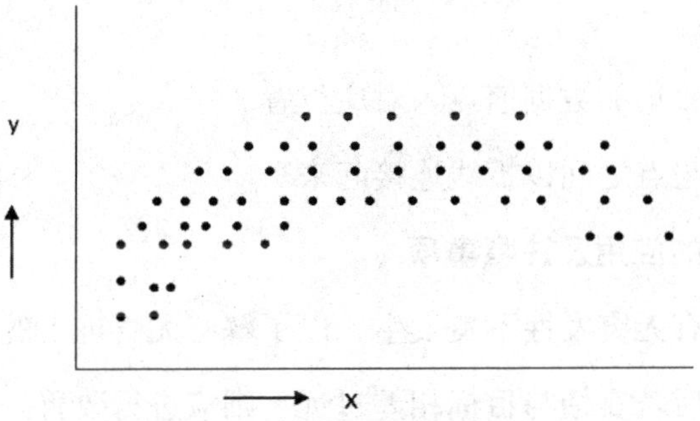

图6-20 曲线相关散布图

4. 散布图的应用

（1）了解相关关系，并掌握应加管理改善之处。

（2）条件设定之参考。

七、推移图

1. 何谓推移图?

随着时间的推移，数据的变动依所取的分度打点，点与点之间以折线连接起来，以了解数据变化情形的图。

2. 为何要用推移图?

（1）随时可掌握两个时间点间的数据变化状况，以及时采取相应措施。

（2）较易了解有无异常发生、周期性变动、倾向趋势、变动幅度的大小。

3. 推移图的绘制方法

步骤1：决定要收集的数据特性。

步骤2：按时间顺序收集数据。

步骤3：绘图：纵轴取特性值并标上刻度（刻度能包含最大数据）横轴取时间刻度。

步骤4：将收集的数据值点入对应位置。

步骤5：点与点之间以折线连接起来。

4. 推移图的应用及注意事项

（1）掌握有无突发性不良发生，以了解有无管理上的问题。

（2）稳定后若实绩与目标相差过远，则应进行改善。

（3）依特性与特性（或特性与要因或要因与要因）分别画推移图，可了解两者是否有对应的倾向变动。

（4）可判断所采取对策是否有效及效果有无维持住。

（5）可依时段别划分前、中、后，并划出各段平均线，进行改善效果的确认。

（6）可作层别推移图比较。

5. 推移图使用案例（参照图6-21）。

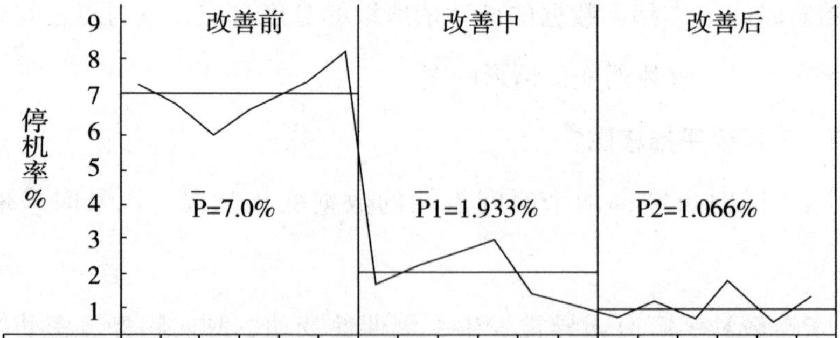

日期	5/1	5/2	5/3	5/4	5/5	5/6	6/5	6/6	6/7	6/8	6/9	6/10	7/1	7/2	7/3	7/4	7/5	7/6
停机数	18	17	15	17	18	20	4	5	6	7	4	3	2	3	2	4	2	3
包装数	250	250	250	250	250	250	250	250	250	250	250	250	250	250	250	250	250	250
停机率	7.2	6.8	6.0	6.8	7.2	8.0	1.6	2.0	2.4	2.8	1.6	1.2	0.8	1.2	0.8	1.6	0.8	1.2
平均停机率	7.0%						1.933%						1.066%					

图6-21 品质改善前后对比推移图

第五节　开展QCC品管圈活动

一、QCC活动介绍

企业各部门工作性质相近似的从业人员，由3～15人共同组成一个小组，自行发掘自身的问题，并自行改善，不断地促进本单位进步的活动，叫作自主管理活动（QCC活动）。

1. QCC的基本精神

（1）尊重人性，人人想做得更好、做好要为人所知。

（2）发挥个人潜能，提供教育园地。

（3）激发员工自主改进与创新能力。

（4）激发员工积极参与管理（由被动变主动）。

2. QCC活动的目的

（1）解决生产现场的品质问题。

（2）解决公司管理上的问题。

（3）提高客户对产品品质的满意度。

（4）提升工作的品质。

（5）形成有战斗力的团队。

3. QCC活动的方法

（1）全员参加。

（2）全员发言。

（3）鼓励与教育。

（4）应用组织力量。

（5）数据观念。

（6）自动自发、相互启发。

（7）过程方法重于结果。

二、推行QCC活动的步骤与方法

QCC活动一般按照发掘问题、解决问题、效果维持、相互启发四个阶段来进行，四个阶段又可详细分为十一个小步骤，层层推进QCC活动的开展，详见图6–22。

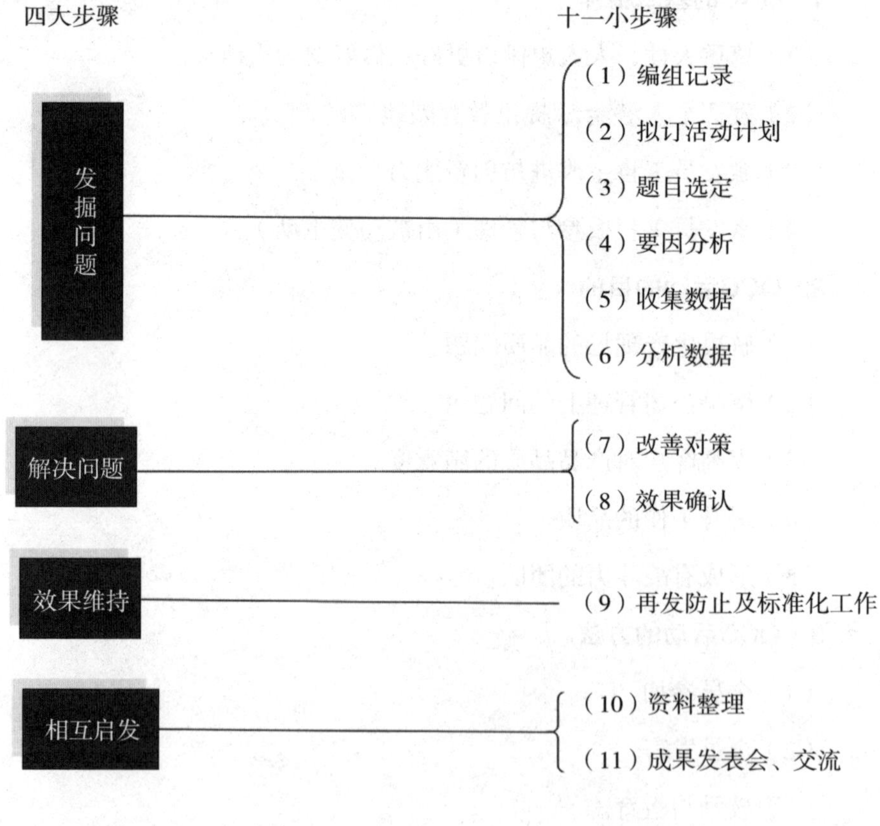

图6–22　QCC活动的四个阶段十一个步骤

1. QCC活动的编组登记

（1）工作相似者为一组。

（2）人数为3～15人。

（3）选举圈长。

（4）推派辅导员。

（5）圈名、圈员。

2. 拟订活动计划

（1）由圈长组织圈员共同参与拟定。

（2）明确圈长、圈员的责任分工。

（3）明确活动推进的时间表。

（4）报公司上级领导审批后执行。

3. QCC题目选定

（1）符合上司、公司的要求。

（2）日常最困扰的问题。

（3）圈员都能参加。

（4）有达成之可能。

（5）客户抱怨与投诉的事项。

（6）自扫门前雪——解决本部门的问题。

4. 问题的要因分析——运用特性要因图进行分析

（1）确定品质特性。

（2）按大骨、中骨、小骨次序罗列问题。

（3）全员发言——脑力激荡法。

（4）时间不要太长（30～40分钟）。

（5）分析至可以采取措施为止。

（6）重要的原因应标识标示。

（7）从人、机、料、法、环五方面分析。

5. 收集数据、分析数据绘出柏拉图

（1）收集所选问题点的数据。

（2）统计累计不良数与累计不良率。

（3）画柏拉图，找问题的主要原因。

（4）确定要解决的主要问题。

6. 讨论问题的改善对策，做好对策表

（1）确定主要解决问题。

（2）按数据统计进行分析。

（3）一面统计分析、一面制定对策。

（4）制定临时对策与永久对策 。

（5）纠正措施与预防措施同时进行。

对策表包含5W2H的要求：

WHY——为什么？

WHAT——做什么？

WHEN——何时做？

WHO——责任人。

WHERE——什么地方？

HOW TO DO——如何做？

HOW LONG——完成期限？

7. 效果确认

（1）QCC活动的有形成果：

①数字量化指标的达成。

②有效措施标准化。

③对标准化成果进行教育训练与效果维持。

（2）QCC活动的无形成果：

①提高干部领导能力。

②提高全员的问题意识、品质意识与改善意识。

③提高工作士气、乐在工作。

④品质稳定、强化基层管理。

⑤改善人群关系、更懂得合作。

⑥公司的目标与政策得以贯通。

⑦相互观摩、增长见识、扩大视界。

⑧员工数据意识的增强。

8. QCC活动成果标准化

（1）发掘问题、解决问题与维持效果。

（2）问题解决的方法固化，便于措施的执行与扎根。

（3）整理活动资料，便于做员工培训。

9. QCC活动成果发布会

（1）公司可以全员参与。

（2）利用各种节日举办。

（3）参加外界QCC活动成果发表交流会。

（4）圈长、干部推行心得发表。

第六节　8D问题分析法

一、8D问题解决法（Eight Disciplines Problem Solving，缩写为8D）

8D也称为团队导向问题解决方法或8D（Disciplines）问题解决法，其目的是识别出一再出现的问题，并且要纠正并消除此问题，有助于产品及制程的品质提升。8D问题解决法包含8个解决问题的方法与步骤，其中的D是（Disciplines）的首个字母。8D问题解决法十分强调团队协同，通常比较适合以团队为单位来解决问题，团队的智慧远大于个人智慧。

二、8D问题解决法的应用范围

1. 客户设诉。

2. 产品不合格的问题。

3. 反复与重复发生的问题。

4. 工作方法与流程改善。

5. 需要团队来解决的问题。

三、8D解决问题的步骤介绍

1. D1——步骤一：组建解决问题小组

若出现的问题无法独立解决，请通知你认为有关的人员组成团队，团队的成员必需有能力执行，例如调整机器或懂得改变制程条件，或能指挥做筛选等。

表6-8　8D小组组成人员

小组成员	部门	分工及职责	联系方式

注：小组活动方式：（　）会议（　）电话（　）传真（　）现场分析改进（　）E-mail

2. D2——步骤二：描述问题

向团队说明何时、何地、发生了什么事、严重程度、目前状态、如何紧急处理、以及展示照片和收集到的证物，将问题细节描述得越清楚，团队解决问题也将越快。

3. D3——步骤三：临时对策

为了使外部或内部客户避免受到问题的影响，制订并执行临时性对策，若真正原因还未找到，临时用什么方法可以最快地防止问题？如全检、筛选、将自动改为手动、库存清查等。临时对策决定后，即立刻交由团队成员带回执行。

4. D4——步骤四：找出根本原因

找问题真正原因时，最好不要盲目地动手改变目前的生产状态，先动动脑，第一件事是要先观察、分析、比较，列出你所知道的所有生产条件（即鱼骨图），逐一观察，看看是否有些条件发生变化，还是最近有些什么异动？换了夹具吗？换了作业员？换了供应商？换了运输商？修过电源供应器？流程改过吗？ 或比较良品与不良品的检查结果，看看哪个数据有很大的差？尺寸？重量？电压值？CPK？耐电压？等等不良的发生总是有原因，资料分析常常可以看出蛛丝马迹。这样的分析，可以帮助你缩小范围，越来越接近问题核心。当分析完成，列出你认为最有可能的几项，再逐一动手做些调整改变，并且观察哪一些改变可使品质回复正常及影响变异的程度，进而找到问题真正的原因。

5. D5——步骤五：永久性对策

选择永久性对策是找到造成问题的主要原因后，即可开始拟出对策的方法。对策的方法也许有好几种，例如修理或更新模具，试试对可能的选择列出其优缺点，要花多少钱？多少人力？能持续多久？再对可能的方法做出最佳的选择，并且确认这样的对策方法不会产生其他副作用。

6. D6——步骤六：执行及验证永久对策

当永久对策准备妥当，则可开始执行及停止暂时对策，并且对永久对策做验证，例如观察不良率已由4000PPM降为300PPM，CPK由0.5升为1.8等，下游工段及客户已能完全接受，不再产生问题。

7. D7——步骤七：防止再发生类似的问题

虽然尚未发生问题，亦需做同步改善，防止再发生，同时这样的失效，也应列入下一产品研发阶段的FMEA中予以验证。

8. D8——步骤八：团队激励

对于努力解决问题的团队予以嘉奖，使其产生工作上的成就感，并极乐意解决下次碰到的问题，无论是生产阶段发现的问题，或是量产、客诉问题，均可运用8D问题解决法。

表6-9　8D报告模板

客户名称：	联络人：	日　期：	
料　　号1：	批　量：	不良数：	
Discipline 1	组建问题解决小组		
Discipline 2	描述问题		
Discipline 3	临时对策	完成日期：	
Discipline 4	找出根本原因	完成日期：	
Discipline 5	久性对策	完成日期：	
Discipline 6	验证对策	完成日期：	
Discipline 7	预防措施	完成日期：	
Discipline 8	团队激励	完成日期：	
经理：	业务部：	工程部：	品管部：

第七章
生产现场的物料管理

物料是产品的组成部分，班组长应做好物料需求、领取、使用、储存、退仓等工作，以提高物料的利用率和降低物料损耗，保证班组生产目标的达成。

第一节　生产现场物料管理的意义及分类

一、生产现场物料管理的意义

做好物料管理的目的如下：

1．有效率的收发物料。

2．仓储空间充分地利用。

3．物料规格标准化。

4．适时供应生产所需之物料。

5．掌握物料适当的存量。

6．确保来料品质良好，并适当地管制供货商。

物料管理是将管理功能导入企业产供销活动过程中，希望以经济有效的方法，及时取得供应，满足组织内部所需的各种物料。

二、物料ABC分类方法

1. 什么是物料ABC分类?

ABC分类法对于库存的所有物料，按照全年货币价值从大到小排序，然后划分为三大类，分别称为A类、B类和C类。A类物料价值最高，受到高度重视，处于中间的B类物料受重视程度稍差，而C类物料价值低，仅进行例行控制管理。ABC分类法的原则是通过放松对低值物料的控制管理而节省精力，从而可以把高值物料的库存管理做得更好。

ABC物料分类的一般标准：

占用65%～80%价值的15%～20%的物料为A类。

占用15%～20%价值的30%～40%的物料为B类。

占用5%～15%价值的40%～55%的物料为C类。

2. 如何进行ABC分类?

通常面临的物料，可以分为两类，一类是可以量化的，一类是不能量化的。对于不能量化的，我们通常只有凭经验判断；对于能够量化的，分类就要容易得多，而且更为科学。我们以库存管理为例来说明如何进行分类。

第一步，计算每一种材料的金额。

第二步，按照金额由大到小排序并列成表格。

第三步，计算每一种材料金额占库存总金额的比率。

第四步，计算累计比率。

第五步，分类。

累计比率在0～60%的，为最重要的A类材料；累计比率在60%～85%的，为次重要的B类材料；累计比率在85%～100%的，为不重要的C类材料。班组长应依据ABC分类的物料进行分类管理。

第二节　物料需求计划与安全库存

物料需求计划是班组长根据客户订单需求量及产品结构的使用量或生产过程损耗编制物料需求定额的方法，班组长从生产备料、生产领料、物料质量、物料损耗、生产补退料的管理来提高生产物料周转率。

一、物料需求计划的确定

1. 专用性物料的需求计划

所谓专用性就是必须有订单才会去购买的物料，属具体某一产品的专用物料。这类物料是依据订单的不同，分别制订物料需求计划，通常不保有存量，其物料需求计划的作业程序如下（见图7–1）：

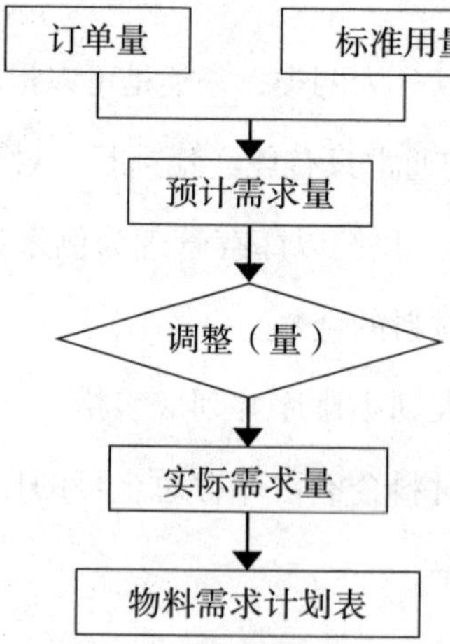

图7–1　专用物料需求计划流程

2. 常备性物料的需求计划

所谓的常备性物料，对企业而言，就是指长期要用或能通用、共用的需要常备的物料，这类物料通常可运用存量控制与计划性采购，即根据控制企业库存量来调整物料需求计划，其物料需求计划作业流程如下（参照图7–2）：

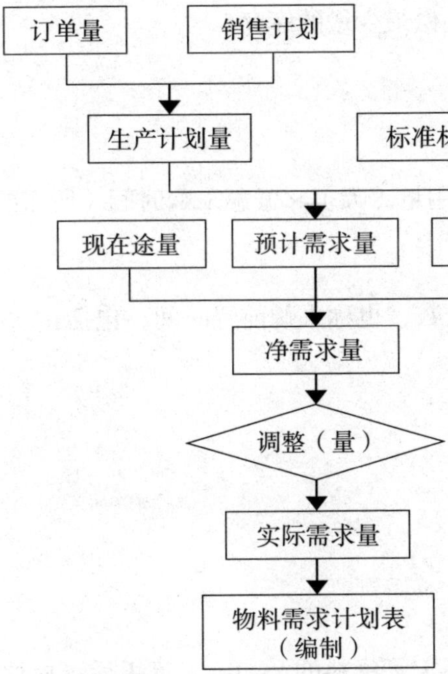

图7–2 常备性物料需求计划流程

说明：①订单量是指客户所下订单数量；②标准用量是指产品结构BOM表所规定的标准用量；③预计需求量是指根据订单数量和BOM表规定用量所计算出来的物料数量；④调整量是充分考虑产品生产过程中，依据合理的物料损耗数量、物料不良及现有库存数量来做出物料数量调整；⑤实际需求量是指在标准用量基础上，减去现有库存数量、物料在途量后，最终得出的物料需求数量。

二、物料的安全库存管理

安全库存也称安全存储量，又称保险库存，是指为了防止不确定性因素（如大量突发性订货、交货期突然提前、临时用量增加、交货误期等特殊原因）而预计的保险储备量（缓冲库存），安全库存用于满足提前期需求。

1. 做安全库存的目的

①不因缺料导致停产（保证物流的畅通）。

②在保证生产的基础上做最少量的库存。

③不呆料。

2. 安全库存量的设定

安全库存量=正常生产用量（天）×紧急采购时间（所需的天数）

3. 紧急采购时间

完成紧急采购所需的天数，也称采购前置时间，包括：

①供应商备料时间。

②供应商生产时间。

③运输时间。

④非人为影响时间等。

4. 制定库存

运用A、B、C分析法确定了物料的A、B、C等级后，根据A、B、C等级来制订库存：

A类料：一般属于成本较高，占整个物料成本的65%左右，可采用定期定购法，尽量没有库存或只做少量的安全库存。但需在数量上做严格的控制。

B类料：属于中等成本，占整个物料成本的25%左右，可采用经济定量采购的方法，可以做一定的安全库存。

C类料：其成本最少，占整个物料成本的10%左右，可采用经济定量采购的方式，不用做安全库存，根据采购费用和库存维持费用之和的最低点，订出一次的采购量。

第三节　生产物料的管理流程

一、生产备料

为了保证生产的正常进行，班组长在安排生产任务前必须做好备料，必须提前做好生产物料的领取工作安排，但是车间不能作为仓库，因此，班组长应依据生产计划的安排，适时适量地提前备料，以提高物料的周转速度，保证生产工作的正常进行。

1. 生产备料的依据

生产备料是指班组长依照生产计划安排提前到仓库领取物料。班组长应依据生产产品的BOM表和生产通知单、生产过程中物料的正常损耗量开《备料单》，通常生产备料应依据以下标准进行备料：

（1）生产计划排程表。

（2）产品BOM表。

（3）生产通知单。

（4）物料的正常损耗比例。

2. 生产备料的注意事项

班组长应根据客户订单交期、投产时间、生产时间、生产完成时间、质量要求等安排车间领料员开《备料单》到仓库领生产所需物料，并把领到的物料放到车间指定的区域，以保证生产按时进行。备料时应注意以下要求。

（1）物料员应认真核对所开《备料单》的物料与所对应《生产通知单》是否一致，避免领错物料。

（2）备料作业要严格按照物料的要求，运用合理的搬运方式，保证物料不被损坏。

（3）备好的物料应放到车间指定位置，并做好物料名称、规格、数量等信息标识，避免生产时用错物料。

（4）备料时若发现物料不足应及时反馈上级、仓库和采购部门，以便采取应急措施。

二、生产领料、发料、退料与补料作业

1. 领料作业

（1）领料由物料的使用部门根据生产的需要开《领料单》，由领料人签字、主管审核后到仓库领料。

（2）仓管员要认真核对《领料单》上的物料信息，按生产计划的安排进行发料，发料完成后在领料单上签字确认，领料部门和仓库各保留一份。

2. 发料作业

由生产班组长开出《领料单》，经生产主管审核后，转交仓库发料。

3. 退料作业

（1）班组对领用的物料，在使用过程中发现不良物料、工程用料变更或有余料时，车间物料员应及时开《退料单》执行退料作业。

（2）异常的物料退料时，应将异常物料与《退料单》转交质量部门进行确认，并在《退料单》上签字，注明品质状态后进行退料作业。

（3）对班组退回的物料，仓库应根据退料的原因进行分类处理，合格的物料放入仓库；不合格的物料单独存储并标识清楚后，通知质量部门或采购部门进行后续处理。

4．补料作业

（1）因来料异常或生产过程的操作不当导致损坏的物料，车间领料员应及时收集异常物料并做好标识，通知质量部门进行确认。

（2）因来料异常或生产过程的操作不当造成物料损坏，导致车间物料不能满足正常的生产需求，车间领料员应及时填写《补料单》进行补料作业。

（3）《补料单》上应注明补料原因、物料名称、规格与数量，经质量部门与生产主管审批后，必要时经上级领导审批后，方可到仓库进行补料。

三、物料的挪用与替代

当生产过程中出现物料无法及时供应或出现产品物料要求变更时，就会出现物料的挪用或替代。

1．物料的挪用

物料的挪用是将生产产品的物料或该产品的计划物料用于其他产品的生产。挪用的物料是相同的物料，在挪用物料时车间班组应及时通知采购部门、仓库及上级领导报告被挪用的情况。

2．物料的替代

物料替换是指某项已正式使用的物料在特定的条件下被另一物料替代，如物料因规格型号、版本升级或其他原因导致原有物料不能使用，于是选择用功能相同的物料进行替换。

物料替代应注意以下问题：

（1）明确替代物料与原料物之间的差异及新物料品质状况是否良好、新替代物料的成本是否增加。

（2）替代物料的必要性：

①是否可以停止生产？

②是否可等物料到后再生产？

③新产品设计时是否可回避该物料？

④是否可由客户提供？

（3）监督替代物料的使用情况

物料被替代后，班组长应关注新物料的使用情况，在车间随时检查新物料的状况：

①物料品质、性能是否稳定？

②新物料的利用率如何？

③新物料是否能按时供应？

四、物料的搬运与贮存

班组领取物料后，班组长应注意物料的搬运、贮存与物料的管理，防止物料因搬运、贮存不当造成损坏，以减少物料的浪费，避免出现物料品质异常的发生。

1. 物料的搬运

搬运方法应依不同物料的搬运要求进行，有固定包装按原包装不动进行搬运；散装物料应清点好数量，用固定容器装好物料后进行搬运，避免物料在搬运过程中造成物料损坏。要严格执行物料防护措施，轻拿轻放、严禁挤压、拖拉翻滚，严禁违章操作，尤其是对化学危险品物料，要严格按照化学品MSDS《物质安全资料表》上的规定要求进行搬运。如果出现严重搬运错误时应有应急预案，并对搬运人员或使用化学品的员工进行化学品安全搬运和安全使用的培训。

2. 物料的贮存

对领到生产现场的生产物料应做好以下几项工作。

（1）物料区域的划分

领取的物料在生产现场应按事先划分好的区域一一摆放，生产现场应规划各种物料的摆放区域，如待使用物料区、合格物料区、不良物料区、半成品区、化学品区、待检区、已检合格区、退料区、报废区等。

（2）生产现场的物料贮存

班组长对领到现场的物料贮存应严格按照物料的不同特点、放置要求做好物料的各种防护措施，如防水、防尘、防污染、防静电，以及要达到贮存的温度、湿度要求，同时做好物料的标识，避免车间员工用错物料，领取的物料也应遵照先进先出的原则进行使用。

五、不良物料的处理

1. 不良物料的分类与标识

对生产过程中发现的不良物料，班组长不管数量的多少，都要进行收集分类，保存好不良物料的样品，并通知IQC进行确认，通知仓库或采购部门进行协商处理。

2. 不良物料的处理方法

对不良的物料进行分类标识，并分析不良物料产生的原因，主要包括是否来料不良、是不是员工操作错误造成的不良等，对不同类别的不良物料进行分类处理，若是员工操作错误造成，班组长应回到生产过程寻找原因并采取纠正与预防措施，避免类似错误重复发生。对不良物料的处理措施见图7–3。

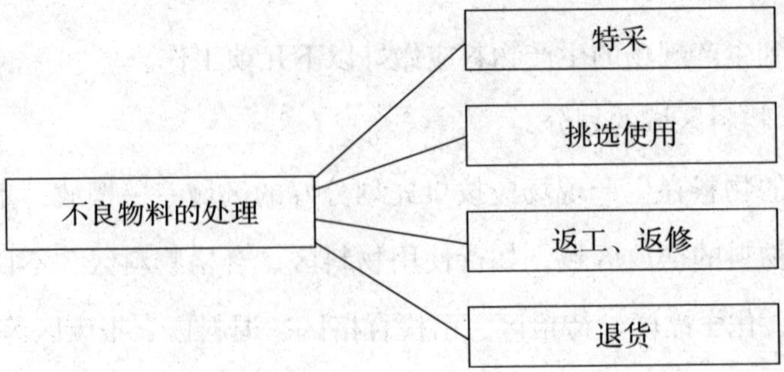

图7–3　不良物料处理方式

第八章
订单与生产计划管理

班组生产计划是公司整体生产计划的重要组成部分，公司的生产计划均是通过班组生产计划进行落地。因此，班组长必须认真对待班组的生产计划，要按照生产计划部门的要求把属于班组的生产任务完成好，这样才能保证订单按交期完成，满足客户要求。

生产计划从时间上要落实到月、周、日计划，从空间上合理落实到生产班组、机台及个人，确保生产计划按品种、质量、数量和交期完成，班组长需要制订科学的工作计划，确保完成任务。

第一节　产能负荷分析

一、生产负荷分析

生产负荷分析是指对生产能力的分析，生产班组应对生产的实际产能进行客观评价，对生产流程、设备产能、人力负荷、生产场地负荷等进行综合分析，将生产标准产能与实际生产负荷能力进行分析，确保生产均衡进行，保证不停产、不待产，使人、设备、场地高效运转。

生产负荷分析是以生产计划为前提，要进行以下几方面的分析。

1. 要生产哪些产品或订单，出货交期是多少，生产进度如何保证？

2. 目前的技术能力是否能满足客户订单的要求？

3. 机器设备、治工具是否能满足生产计划要求？

4. 完成订单需要多少员工，目前员工数量是否能满足要求，是否需要补充员工数量？

5. 完成订单需要的物料、辅料是否到位，损耗如何控制？

6. 目前产能是否能满足客户订单要求，是否考虑外发？

7. 仓库和生产现场能否满足物料、半成品、成品的周转的需要？

二、生产技术能力分析

班组长要对生产计划和生产技术进行比较，找出存在的差距并及时制定解决方案，保证生产顺利进行。

1. 明确订单所需生产的品种，包括生产工艺流程是否能按订单要求进行生产。

2. 目前生产技术是否符合生产产品的要求，如果不能满足要及时上报，寻求技术部门的支持。

3. 目前的工序技术与订单产品生产工序要求差距有多大，如何改进？

具体分析内容见表8-1。

表8-1 技术能力分析

产品类别	工序	各工序技术要求		现有技术力量		技术差距		解决方法
		人员	水平	人员	水平	人员	水平	
产品一								
产品二								
产品三								
合计								

编订：　　　　审批：

三、生产人力负荷分析

生产人力负荷分析是对现有生产人员与生产计划需求的人力进行对比，确定人力是否能满足生产需求。

1. 人力需求的计算：依据生产计划，针对各种产品的数量和作业标准工时，计算出生产每种产品所需的人力，再将各种产品所需人力相加汇总。

2. 比较现有人力与实际需要人力，找出差距。

具体人力需求分析方法见表8–2。

表8–2　人力需求分析

产品 项目	产品1	产品2	产品3	产品4	产品5	产品6	合计
标准工时							
计划产量							
标准总工时							
每人每月工时							
人员宽裕度							
所需人数							

编订：　　　　　　　　　　　　　　　　审批：

注：①标准总工时=计划产量×标准工时。

②每人每月工时=每人每月工作天数×每人每天工作时数。

③所需人数=标准总工时÷每人每月工时×（1+人员宽裕度），人员宽裕度表示必要的机动人数，一般可定为10%～15%。

3．解决人力不足的方法：

（1）调整负荷，延长工作时间或增加工作天数。

（2）申请补充人员，补充人员的登记可参照表8–3。

表8–3　生产人力需求

年　月　日

需求部门	增加人数	要　求				到位时间	补充理由	补充岗位
		学历	工作经历	性别	年龄			
合计								

编订：　　　　　　　　　　　　　　审批：

四、设备能力分析

将设备进行分类，根据生产计划的要求，分析完成生产计划任务需要哪些设备，并计算各种设备的产能负荷，计算公式为：

1．单台设备产能=作业时间÷单位产品标准工时。

2．所有设备产能=（总体作业时间÷总标准工时）×设备台数×开机率。

3．每时生产产能=每种机器设备的合计计划数÷计划生产日期。

比较所有设备负荷，根据上述方法计算出来的产能负荷减去现有设备产能负荷，则为产能负荷不足或剩余，设备产能不足则要采取增加设备或订单委外加工来解决。

第二节 生产计划的管控

一、月、周生产计划的管控

1. 月度生产计划的管控

月度生产计划是由企业生产计划部门对一个月内的客户订单需求进行统一安排，作为班组长要充分了解公司月度生产计划，因为月度生产计划必须分解至各班组，班组长根据生产负荷能力评估，确定是否能够满足月度生产计划需要，如有疑虑必须上报。月度生产计划必须明确以下内容。

（1）订单数量。

（2）产品种类。

（3）明确的交期要求。

（4）生产的起、止日期。

（5）明确生产的责任部门。

月度生产计划见表8–4。

表8–4 月度生产计划

年 月

序号	生产单号	产品名称	规格	订单数量	生产数量	开始生产时间	生产完成时间	生产车间	出货日期	备注

制订： 审批：

注：月度生产计划由生产计划部门制订完成后及时下达与生产有关的部门。

2. 周生产计划的管控

周生产计划是班组长根据公司计划部门下达的月度生产计划要求，进行任务分解，然后班组长根据产能负荷分析情况，制订一周的生产计划安排。

周生产计划反映了本班组一周内的生产任务情况，包括上周未完成的生产任务，也包括本周要完成的生产任务，都是班组长进行生产派工的依据。具体周生产计划内容如表8-5。

表8-5 周生产计划

年 月 日

序号	生产批次	指令单号	品名规格	计划生产数	计划日程（星期）							备注
					一	二	三	四	五	六	七	

制订： 审批：

二、生产进度的管控

生产进度的管控是指班组长对生产过程进行现场监督与检查，及时发现生产进度异常，并立即采取措施解决问题，以保证生产进度要求。对生产进度的管控可以采取以下方法。

1. 生产日报表

生产日报表要求车间将每天的生产进度做成生产日报表，经班组长确认并上报上级，便于班组长和上级部门随时掌握生产进度。生产日报表格式参照表8-6。

表8-6 生产日报表

年 月 日

序号	生产单号	品名规格	计划数量	本日产日		累计产量		耗费工时		备注
				预计	实际	预计	实际	本日	上日	
合计										
人员记录	应到人数									
	实到人数									
	调入人数									
	调出人数									
	加班人数									
	加班工时									

统计员： 班组长： 生产主管：

2. 订单延误统计分析表

生产过程的管控是保证每日、每周的生产计划都能达到预期的生产目标。班组长应强化过程监督，随时了解生产数据的动态变化，尤其对生产进度按计划已延后的订单，班组长应针对已延误码的订单进行统计分析，找出延误的原因，加以补救与预防，具体见表8-7。

表8-7 订单延误统计分析表

年 月 日

订单号	品名规格	延误数量	原因	补救措施	预计完工期	责任单位	备注

统计员： 班组长： 主管：

3. 生产进度跟踪表

针对订单生产进度由班组长做成生产进度跟踪表，对班组生产任务的达成情况进行过程追踪，生产进度跟踪表也可以做成看板，通过看板及时查看生产进度，保证生产连续均衡进行，避免出现制品堆积或生产断线的发生；明确公布生产班组每小时的产量标准，进行产能标准化，并随时监督每小时的实际产能与标准产能的差异。具体追踪方式可参照表8-8。

表8-8 生产进度跟踪表

订单号	产品名称	生产进度				是否落后	备注
		计划数	实际生产数	累计数	完成率		

制表：　　　　审批：

三、生产过程异常情况的处理

1. 生产计划的异常

如若出现生产计划异常，生产车间应根据计划迅速合理地做出调整，保证生产效率，确保总产量不变；安排因计划调整而遗留的产品、半成品、原材料的盘点、入库、清退等处理工作；安排因计划调整而闲置的人员做前加工工作；安排人员以最快速度做计划更换的物料、设备等准备工作。

2. 物料计划的异常

接到生产计划后，相关人员要立即确认物料状况，查验物料有无短缺，随时掌握各种物料信息，并反馈给相关部门，避免异常的发生；如属短暂断料，可安排闲置人员做前加工、整理、整顿或其他零星工作；如断料时间较长，与计划部门协调做计划变更，安排生产其他产品。

3. 设备异常

若设备出现异常状况，应立即通知设备维修部门协助维修，安排闲置人员做整理、整顿或前加工工作。如排除故障需要较长时间的，应与计划部门协调另作安排。

4. 制程品质异常

对制程有不良的产品，应在产前做好重点管理，异常发生时，进行不良品的标识、隔离，并通知品管部及相关责任部门一起研究对策，以确保完成生产任务。在对策实施前，安排闲置人员做前加工，如果异常暂时无法排除时，与计划部门协调做生产计划变更。

5. 紧急订单的处理

在执行生产过程中，经常出现计划外的客户订单即急插单的现象，这种订单是出货时间紧急，生产周期短，往往影响原有生产计划，所以班组长需要认真协调，掌握紧急订单的处理方法：

（1）班组长首先要评估此类订单的紧急程度，与原排定的生产计划有哪些冲突。

（2）根据紧急订单的紧急程度，调整原制订的生产计划，合理安排紧急订单的生产。

（3）及时上报，安排加班、轮班和节假日加班。

（4）随时掌握和控制生产进度，即时调整，以保证紧急订单的交期。

6. 其他生产异常

如遇到设计或工艺异常应迅速通知品管部、工程部或研发部；如果水电出现异常则要迅速采取措施降低损失，通知工程动力维修部门抢修，对于闲置人员可做其他安排。生产异常排除后，一定要坚持“三不放过”原则进行处理，以避免类似问题的重复发生。

四、生产进度差距的处理方法

当生产进度与计划目标有差距时，班组长应对差距进行分析，及时采取措施，以确保生产进度与产品交期，通常有以下方法可供参考：

1. 及时向上级和公司计划部门报告，安排加班、连班和轮班，以增加生产时间的方法来增加产量。

2. 向其他班组寻求支援，增加人手或机台以增加产量。

3. 借调其他部门人员以支援生产。

4. 将部分订单进行委外加工。

第九章
生产现场的安全管理

生产现场是企业产品生产的主要场所，包含人员、物料、机器设备、用电、用水、化学品等复杂事务，而且生产现场是一个动态的作业环节，多多少少存在一些安全隐患，因此，生产现场的安全管理是班组长的一项重要工作。班组长必须了解相关的安全基础知识和安全技能，并通过一系列的培训让员工了解安全知识，谨记“安全为了生产，生产必须安全”。

第一节　班组的安全管理职责

一、班组长的安全职责

班组长是班组安全生产的第一责任人，也是完成班组生产任务的核心人物，决定了班组长在管理好生产的同时，也必须管好安全，一旦生产现场发生安全事故，对生产的顺利进行就会造成一定的影响，同时更威胁着员工生命的安全。在生产安全方面班组长要承担以下安全责任。

1．认真学习与掌握劳动保护政策与法律法规和公司有关安全要求的规章制度，带头执行相关的安全规定，对班组员工的身体健康与安全生产负责。

2．班组长对班组的生产环境、员工的身体状况和情绪要充分了解，并在生产过程中采取安全措施，做到班前布置，班后有检查。

3. 对本班组员工进行安全操作指导，并检查员工对安全操作规程的遵守情况。

4. 负责对班组员工进行“三级安全教育”，并把安全纳入日常管理，督促安全员组织每周的安全日活动，制止违章指挥和违章作业，严格执行安全管理制度。

5. 培训和指导本班组员工正确使用机器设备、电气设备、工装夹具、化学品、原材料、安全装置等，指导员工正确穿戴个人防护用品。

6. 对班组发生的安全事故应立即上报，并积极组织抢救，防止事故的扩大，还应保护好现场，执行安全事故“三不放过原则”（事故原因分析不清不放过、事故责任和群众没有受过教育不放过、没有采取切实可行的防范措施不放过）。

7. 加强对安全员的领导，积极支持其工作，实现安全生产档案资料管理制度化、规范化、科学化。

二、员工的安全职责

班组里的每个员工对生产安全都有不可推卸的责任，班组员工的主要安全职责包括以下方面。

1. 严格按照企业各项安全生产规章制度和安全操作规程进行操作，正确使用和保养各类设备及安全防护设施，不乱开、乱动非本人操作的机器和电气装置。

2. 每天上班前做好安全准备工作，认真检查生产设备、生产工具及其安全防护装置，发现不安全因素应立即上报安全员或班组长。

3. 按规定认真进行交接班工作，交接生产和安全情况，并做好交接班记录。

4．积极参与和接受各种安全教育及安全操作培训，参与班组的安全活动，虚心听取安全技术员和安全管理员对安全生产的指导。

5．按规定正确穿戴和合理使用劳保用品。

6．发现他人违章作业时应进行规劝与制止并立即上报安全员和管理人员。

7．对上级的违章指挥操作有权拒绝执行，并立即上报企业领导和安全技术人员。

8．保持工作场所的清洁卫生，及时清理杂物，保证车间道路安全畅通。

9．发生工伤或工伤未遂等事故，应立即组织抢救并及时报告上级领导。

三、安全员的安全职责

公司的安全员是一线安全管理者，担负着企业安全管理职责，安全员具体职责包括以下几点。

1．定期对作业人员和新上岗人员进行安全生产、安全操作培训。

2．对员工是否严格遵守、执行各种安全生产的规章制度进行督导与检查。

3．及时发现安全隐患并采取有效措施，防止安全事故的发生。

4．协助生产车间主管人员制定和落实安全措施，检查厂房、设备、电器的安全使用情况。

5．及时报告工伤安全事故，做好安全事故调查工作和做好安全检查原始记录。

6．负责督促和检查生产过程中个人护防用品的发放与使用情况。

7．经常检查生产现场安全标语、标牌及各种安全禁止标志是否完好，督促生产文明有序进行。

为了加强企业员工的安全责任，一般要求员工与企业签订安全责任书，安全责任内容可以参考表9-1。

表9-1　企业安全责任书

安全责任书

根据《安全生产法》等有关法律法规规定，结合本公司的生产实际状况，公司与员工签订《安全生产责任书》，以把安全职责落实到每位员工。

一、务必做到安全生产，始终坚持“安全第一，预防为主，综合治理”的方针，努力学习业务、安全知识，提高自我的操作技能。

二、安全生产要求

1. 员工自觉对本单位安全工作进行检查，决定和处理生产过程中的异常状况，发现安全隐患要及时处理。不能处理的事故隐患或者其他不安全因素，应当立即向现场安全生产管理人员或者车间负责人报告。

2. 职工发现直接危及人身安全的紧急状况时，有权停止作业或者在采取可能的应急措施后撤离作业场所。

3. 职工在作业过程中，应当严格遵守公司的各项规章制度和操作规程，服从管理，正确佩戴和使用劳动防护用品。

4. 职工应当理解安全生产教育和培训及安全应急演练，掌握本职工作所需的安全生产知识，提高安全生产技能，增强事故预防和应急处理能力。

5. 职工对车间安全生产工作中存在的问题可以提出批评、检举；有权拒绝违章指挥和强令冒险作业。

6. 认真执行交接班制度，接班前务必认真检查本岗位的设备和安全设施是否完好。

7. 不违反劳动纪律，不违章作业，对本岗位的安全生产负直接责任。因违反公司规定、忽视安全生产、违章指挥、违章作业、玩忽职守而造成安全事故的，违反者负相应责任。

三、考核与奖惩

1. 违反操作规程，给公司造成经济损失的，由职责人按实际损失金额赔偿。

2. 发现事故隐患及时处理和上报者，给予20元~200元的奖励。

3. 违反操作规程，给本人和他人造成身体伤害或伤亡者，根据国家有关法律法规及公司有关规章制度规定负相应责任。

××公司（签字）：　　　　　　职工（签字）：

日期：　　　　　　　　　　　日期：

第二节 班组的三级安全教育

班组是企业的细胞，是安全管理的最小单位，班组员工都处于生产一线，接触危险、危害事件的概率较高，实际工作中一些班组长安全管理水平不高，员工安全意识不强，所以必须加强班组的安全教育。

班组安全教育对加强安全建设、消除安全事故隐患、杜绝安全事故的发生能起到事半功倍的作用。班组安全教育可以灵活多样，提高层次性和趣味性，对员工安全教育一般采取“三级安全教育”，即企业厂部安全教育、车间安全教育和班组安全教育施。

一、企业厂部安全教育

企业厂部安全教育培训是由企业厂部的安全培训主任或专职培训人员对新进员工进行上岗前的安全教育培训，具体培训内容包括以下方面。

1．讲解安全劳动保护的意义、任务、内容及其重要性，让新进员工树立“安全第一”和“安全生产人人有责”的思想。

2．介绍企业的安全生产概况，包括安全工作发展史、企业生产的特点、工厂设备的布局，重点介绍要害部位、有特殊安全要求的设备。

3．介绍安全生产小组及相关安全生产责任、安全管理制度。

4．介绍企业内各种安全警告标志和信号装置。

5．介绍企业安全事故的案例及其经验教训，普及抢险、救灾、急救常识和消防安全常识。

二、车间安全教育

车间安全教育是由车间主管负责对新员工进行相关安全教育培训，具体培训内容包括以下方面：

1．介绍车间布局情况，重点是介绍车间生产流程、产品、工艺、设备、治工具和车间人员结构与分工、车间安全生产状况、车间危险区域、有毒有害工位、车间劳动保护方面的规章制度、对劳动保护用品穿戴要求与注意事项、车间事故多发部位和原因、车间有哪些特殊的规定与要求，车间典型安全事故及车间安全生产中的好人好事及车间文明生产方面具体的做法与要求。

2．车间安全技术培训，重点是金属加工设备、机床旋转、起重设备、工装夹具的安全使用、运输车辆、各种化学品的使用等有安全隐患的工位和包装车间安全用电要求。

3．车间消防安全培训，包括火灾紧急逃生、消防器材的使用、车间易燃易爆物品的安全使用要求。

4．车间有关安全文件与规章制度的培训。

三、班组安全教育

班组安全教育是由班组长结合班组的实际情况对新员工进行操作岗位相关安全教育培训，具体包括以下内容。

1．本班组的生产特点、作业环境、危险区域、设备状况、消防设施。重点介绍高温、高压、易燃易爆、有毒有害、腐蚀、高空作业等可能导致安全事故的危险因素，交代容易出事故的部位和发生过的案例。

2．为员工介绍操作岗位的安全操作规程，重点是思想上要重视安全生产，自觉遵守安全操作规程，不违章作业，发现岗位的安全隐患要及时上报。

3. 培训如何正确使用劳保用品，重点培训哪些部门要戴口罩、手套、防护眼镜、安全帽、耳塞等。

4. 岗位安全操作示范：组织重点安全岗位员工，由班组长亲自进行安全操作示范，边示范、边讲解安全操作要领及不遵守安全操作规程可能出现的后果。

四、特种作业人员的安全教育

企业中从事特种操作的作业人员均要通过专门的安全技术培训，通过国家规定的理论考核和实际操作考核，取得资格证后方可上岗作业。以下是企业中常见的特种作业。

1. 电工作业。
2. 焊接和切割。
3. 机动车辆驾驶。
4. 高空作业。
5. 锅炉作业。
6. 压力容器作业。
7. 危险物品行业。
8. 爆破作业。
9. 安全检查作业。

五、安全教育的方式

日常生产安全教育有很多种，可以根据具体的情况具体安排，其目的就是更好地对员工进行安全教育，使安全教育的内容让员工更容易接受，从而能熟练掌握安全操作的要求。

1. 安全宣传画、宣传标语、安全宣传看板。

2. 安全教育宣传影片、小视频、照片。

3. 安全展览。

4. 安全宣传资料：报纸、宣传小册子。

5. 安全报告、专题讲座和现场讲解与示范。

6. 开展安全活动竞赛、安全生产月活动。

第三节　班组的安全管理

安全生产是车间管理的重要一环，需要常抓不懈，班组长必须认真抓好班组日常安全管理工作，保证生产顺利进行。班组长需要从以下几个方面进行安全管理。

一、班组交接班安全管理

多数企业是多班轮换作业，在班次轮换时，班组长之间要做好交接班的各项工作，确保班次间安全交接，交接班要做好以下几项安全交接工作。

1. 交接设备：当班人员严格按照设备操作规程和工艺操作规程进行操作，对所管辖区域内设备负责，交班时移交完好的设备，对存在问题或有安全隐患的设备也应当面交接清楚。

2. 工艺交接：当班人员应对管理范围内工艺现状负责，交接时保持正确的工艺指标，并向接班人员交代清楚。

3．卫生交接：当班人员应保持好设备和生产现场的清洁卫生，交班时交接清楚。

4．交接记录：交接班时，确保设备的运行记录、工艺操作记录、维修记录等真实、准确、整洁。

每班交接时，由车间主任或班组长或岗位负责人填写交接记录，具体内容有：生产任务完成情况、质量情况、安全生产情况、工具和设备状况、安全隐患及可能造成的后果、注意事项、遗留问题的处理意见、上级指示等，交接班记录定期填写，定期存档以备检查。

二、班组安全检查

班组长要根据工作现场、岗位，编制符合规定要求的《日常安全生产检查表》，定期对班组的安全生产状况进行检查，找出存在的问题，采取处理措施，消除安全隐患。要检查的主要项目如下。

1．检查设备的安全防护装置是否良好，防护罩、防护栏、保险装置、指示报警装置等是否齐全灵敏有效，接地是否完好。

2．检查生产现场易燃易爆物品的存贮、运输、发放与使用的情况，是否严格执行易燃易爆物品和剧毒品的安全管理制度，通风、照明、防火等是否符合安全要求。

3．检查设备、设施、工具等是否有缺陷和损坏、制动装置是否有效、安全距离是否合理、电气线路是否老化和破损、起重吊具与绳索是否达到安全规范要求。

4．检查员工有无违反安全操作规程的现象，如人为损坏安全装置、没有安全指令、冒险进入危险工作区域，以及对运转的设备进行注油、检查、修理、焊接和清扫等现象。

5．检查有无违反劳动纪律的现象，如工作时间玩手机、打闹、精神不集中、酒后上岗、脱岗、串岗等。

6．检查作业现场和施工现场存在的不安全因素，如安全出口是否通畅、产品堆放和工具摆放的位置是否恰当、设备是否符合安全距离要求、操作者的活动范围是否清晰、电气线路的走向是否正确、危险区域是否有护栏与明显标识。

7．检查个人劳动保护用品的穿戴和使用情况，如进入工作现场是否要穿防护服，是否要戴帽子、面具、眼镜、口罩，是否要系安全带及是否使用了过期的防护用品等。

具体检查内容可参照表9–2。

表9–2　日常安全生产管理检查

序号	检查内容	落实情况	
		是否	备注
1	生产安全责任制		
（1）	是否有主管负责人、分管负责人、安全员、岗位操作员的安全责任书？		
（2）	职能部门是否建立了安全生产责任制？		
（3）	是否建立了安全作业制度？		
（4）	仓库安全管理制度		
（5）	化学品安全管理制度		
（6）	是否建立了岗位安全操作规程？		
2	安全教育培训		
（1）	是否建立了安全培训制度？是否制订了培训计划与方案？		
（2）	是否建立了员工安全教育培训档案？		

续表

序号	检查内容	落实情况	
		是否	备注
（3）	培训资料有哪些？有没有培训后的效果考核？		
3	现场安全要求落实情况		
（1）	有没有参加公司安全会议？有没有召开本部门安全管理会议？		
（2）	有没有开展本部门的安全检查活动？有没有保留检查记录？		
（3）	有没有制定安全事故急救预案并进行演练？		
（4）	有没有发生安全事故？目前处理结果如何？		
（5）	现场消防安全设施是否足够？有没有检查与保养？		
（6）	有没有消防演习方案并执行？		
（7）	现场的员工操作有没有违反操作规程现象？		
（8）	有没有重大危险源管理台账？重大危险源是否有管理方案？		
存在的安全隐患：			

检查人： 审批：

日期： 日期：

三、班组安全隐患的整改

班组长应针对日常安全检查或员工自检发现的安全隐患及不安全因素上报上级领导，进行彻底的整改，以消除安全隐患，避免发生安全事故。

1．班组长对班组的安全隐患整改工作全面负责，安全员协助做好管理、监督和统计上报，班组成员全力配合整改。

2．依安全检查发现的安全隐患，建立追踪档案，将不能处理的问题及时请求上级协助处理，保存好安全隐患的处理记录。

3．安全隐患的整改必须坚持“及时有效”“先急后缓”“先重点后一般”“先安全后生产”的原则。

4．对安全隐患的整改，要坚持“不安全不生产”的原则，制定切实可行的防范措施，无安全措施禁止生产。

5．对安全隐患的整改实行销号制度，班组长要对未按期整改的安全隐患重点监督，确保彻底整改。

6．严肃处理因未整改完成的安全隐患而导致的安全事故责任人。

具体安全事故的追踪流程参照表9–3。

表9–3 安全隐患整改追踪

检查单位		填报时间	年 月 日
填报人		确认的依据	
存在的隐患：			
相关人员签字	班组长	签字： 年 月 日	
	维修人员	签字： 年 月 日	
	安全员	签字： 年 月 日	
整改要求：			
整改责任人	签字： 年 月 日		
完成情况（完成时间、工时、材料费用）			
安全员	签字： 年 月 日		
公司领导确认	签字： 年 月 日		

四、开展安全日活动

为了加强员工的安全意识，班组长每月或每周组织一次安全日活动，达到员工自我安全教育和自我安全管理的目的，使安全日活动制度化、规范化，安全日活动需关注以下内容。

1. 组织学习安全生产文件、安全管理制度、安全操作规程及安全技术知识，总结一周或一月安全生产情况，提出进一步做好安全生产的对策和要求。

2. 结合公司发生过的安全事故，组织员工进行原因分析，制定防范措施，举一反三，吸取教训。

3. 进行生产异常情况紧急处理能力的培训与演练，定期开展防火、防爆、防中毒和自我保护能力的训练。

4. 定期进行安全技术操作与安全法规知识的学习考试。

5. 安全日活动要有领导、有内容、有记录，并且安全部门要定期检查。

6. 进行安全座谈，就安全隐患的整改内容提出合理化建议。

7. 车间和公司领导必须参加安全日活动，这说明公司非常重视安全管理工作。

8. 充分发挥班组长和安全员的作用，落实班组安全员的职责，提高活动效果。

9. 公司安全管理部门要对执行部门的安全日活动开展情况进行检查与考核，纳入公司指标考核体系。

第四节 工伤与安全事故的预防与处置

工伤、事故是指企业员工在生产活动中受到意外而造成伤亡事故。企业或班组发生安全事故时，班组长应及时组织好救援并保护好现场，积极采取相关安全处理措施，防止安全事故进一步扩大，因此班组长应掌握生产现场安全事故的预防与处理措施。

预防为主是安全工作的重中之重，要做好预防工作必须了解安全事故发生的原因，对危险性作业做好安全预防，尤其要做好习惯性违章的防范工作。

一、工伤、安全事故发生的原因

工伤、安全事故发生的原因有以下几方面。

1. 机器设备的不安全

（1）防护、保险、信号等装置缺乏或有缺陷

①无防护：无防护罩、无安全保护装置、无报警装置、无安全标志、无护栏或护栏损坏，电器设备没有接地、绝缘不良、噪声大等。

②防护不当：防护罩没安装到适当位置、防护装置调整不当、安全距离不够、电气装置带电部分裸露等。

（2）设施、设备、工具、附件有缺陷

①设备在非正常状态下运行：设备带“病”运转或超负荷运转。

②维修调整不良：设备没有及时保养与维修，设备失灵，未加润滑油等。

③强度不够：机械强度、绝缘强度、起吊重物的绳索等不符合安全要求。

④设计不当：结构不符合安全要求、安全间距不够、工件上有毛刺、毛边、有锋利棱角等。

另外，员工所用防护用品、用具不符合安全要求，或者员工没有按要求佩戴个人防护用品或用具、也会带来安全事故隐患。

（3）生产场地环境

①通风不良。

②光照不良。

③作业场地杂乱。

④作业场所狭窄。

⑤操作工序设计或配置不安全，交叉作业多。

⑥地面打滑。

⑦交通线路的配置不安全。

⑧贮存方法不安全等。

2. 操作者不安全的操作行为

（1）操作错误、忽视安全、忽视警告

①未经许可开动、关停、移动机器。

②开动、关停机器未给信号。

③开关未紧锁，造成意外转动。

④忘记关闭设备。

⑤忽视警告标志、警告信号。

⑥操作错误，供料或送料过快。

⑦机械超速运转。

⑧冲压机作业时手伸进冲模。

⑨违章驾驶机动车。

⑩工件紧固不牢。

⑪用压缩空气吹铁屑。

（2）操作者不正确的操作设备

①机械运转时加油、修理、检查与调整或清扫，造成安全装置无效。

②拆除安全装置，导致安全装置失去作用。

③用手代替工具操作：用手代替手动工具，用手清理切屑，不用夹具固定。

④攀、坐不安全位置。

⑤不按要求着装。

⑥在必须使用个人防护用品的场所，没有使用个人防护用品。

⑦无意或为排除故障而接近危险源。

（3）管理上的缺陷

①没有安全操作规程或操作规程不完善。

②规章制度执行不严，有章不循。

③对现场工作缺乏检查或指导。

④劳动制度不合理。

⑤缺乏安全监督。

（4）教育培训不足

①对员工安全教育培训不够。

②新员工未经安全培训上岗。

③操作者素质低下，不懂安全操作技术。

④操作技能不熟练。

⑤工作时注意力不集中，工作态度不认真。

⑥不遵守操作规程。

（5）企业领导不重视安全工作

①安全检查机制不全。

②没有落实安全生产责任制。

③没有认真实施安全事故防范措施。

④对事故隐患调查整改不力。

二、工伤、安全事故的预防与处置

工伤、安全事故给企业生产活动造成不可估量的损失和危害，因此，班组长必须搞好班组的安全事故预防管理，减少企业经济损失，以保护班组安全生产管理工作顺利进行。

1. 工伤、安全事故的预防

（1）强化隔离或封闭危险源的管理，如增加机器防护装置或改进紧急制动设施。

（2）强化安全教育培训和安全操作检查，如每天进行早会宣导、不定期对班组生产安全进行检查和纠正不符合安全操作的行为、发现安全隐患立即处置等。

（3）改进设备、工艺流程，全面改善生产过程中存在的不安全操作环节，如改良生产设备或更换生产设备、合理使用机械手等。

（4）改善生产作业环境，特别是有重大安全事故隐患的环境，如增加照明、增加除尘设施等。

2. 工伤、安全事故的处置

（1）班组发生工伤、安全事故后，班组长应立即组织生产班组的员工抢救伤员，并做好现场的保护措施，同时紧急上报上级或安全员。

（2）抢救受伤的员工时，应避免安全事故的再次发生，在保证安全的情况下关闭电源抢救伤员等。

（3）急救原则：班组长在抢救受伤员工时，应先带其离开事故现场，之后，先复苏后固定，先止后包，先重后轻，先救后运。

3. 安全事故的应急救援步骤

生产班组发生安全事故后，班组长应保持清醒头脑，临场镇静，切记不要慌乱，避免出现安全事故的再次恶化或扩大，因此班组长应按以下步骤处理安全事故。

（1）关闭事故现场所有的电源、水源、气源等，避免安全事故恶化或扩大。

（2）及时疏散事故现场人员并组织班组人员进行伤员转移。

（3）组织人员对伤员进行救治处置。

（4）及时转移事故现场存在的易燃易爆、易腐蚀等危险品，将其转移到安全地带或安排人员远距离看管。

（5）组织人员进行事故现场的灭火、降温、导流等。

第十章
生产设备与治工具管理

生产设备和治工具是生产过程中的重要组成部分，设备和治工具管理是提高生产效率的基础，是企业产量、质量、效率和交期的重要保障。班组长作为生产现场的管理人员，要了解设备和治工具管理的各个环节，只有保证设备安全运转，生产才能顺利进行。

第一节　生产设备与治工具的基础管理

一、生产设备的分类

生产设备是由一定的电路、气路或机械构件组成，用于提供生产作业条件、改善生产环境、提高生产效率并在长期、反复使用中基本保持原有实物形态和功能的生产资料和物质资料的总称，主要包括生产用的机器、治工具等。

生产设备是为保证生产所配置的技术设备、仪器、仪表、试验检验设备等，一般制造类型的企业设备分为以下几类。

1. 生产设备类

钻床、铣床、打包机、注塑机、冲压机等。

2. 测量设备类

万用表、电子秤、卡尺等。

二、治工具的分类

生产治工具是指生产班组在生产过程中，因产品工艺的需要而使用的各种器械。生产治工具是实现班组生产计划的重要因素，因此班组长应对生产治工具进行分类管理，保证生产治工具的良好状态与完整性，保证生产工序均能高效生产。

1．班组通用类的治工具

（1）刀具。

（2）模具。

（3）量具。

（4）磨具。

（5）夹具。

（6）手工具等。

2．特殊类治工具（辅助工具）

（1）产品测试台或试验台。

（2）工作台、工作椅子、工作梯子。

（3）运输工具：叉车、拖车、专用车、铲车等。

三、设备对生产的影响

班组生产设备是完成生产任务或产品加工的重要保障，生产设备的好坏、先进程度和技术状态是影响企业生产效率的重要因素之一，设备对生产的影响包括以下方面。

1．生产能否顺利进行？

2．产品质量的稳定性。

3. 生产效率的提升。

4. 生产成本的降低。

5. 客户交期的准确率。

6. 工作的积极性。

7. 创造经济价值的多少。

8. 设备的综合使用效率。

从上述情况来看，生产设备对生产计划的影响是不可估量，更关系到企业生产经营活动与经营目标的达成。

四、设备与治工具的台账管理

设备和治工具应建立台账管理，建立台账是掌握企业设备资产状况，反映企业各种类型设备和治工具的总数量、分布及变动情况的重要依据，台账的建立有两种方式：一种是按设备与治工具的类别，按资产编号进行排序；另一种是按照车间或班组等使用单位进行台账登记，这种方式便于设备维修计划的管理与设备的年终资产的清点。以两种方式汇总，构建设备与治工具总台账，台账格式可参照表10–1和表10–2。

为了便于管理，台账通常包括的内容有：设备、治工具名称、型号规格、购入日期、使用年限、资产编号、使用部门、使用状态、供应商、购入日期等，台账每年依设备的变动情况进行更新。

表10–1 设备台账

年 月 日

序号	设备名称	设备编号	规格型号	使用单位	使用状态	供应商	购入日期	起用日期	使用年限

表10-2 治工具台账

年 月 日

序号	工具名称	工具编号	规格型号	所属单位	使用状态	存放地点	保管人	借用人	交还日期

五、设备的维修保养档案管理

所谓设备档案，是指设备从规划、设计、制造、安装、调试、使用、维修、改造、更新至报废的全过程中（参照图10-1）形成的图纸、文字说明、凭证和记录等文件资料，通过不断收集、整理、鉴定等工作而建立的档案。至于设备说明书、设计图纸、图册、底图、维修操作规程、典型检修工艺文件等资料，通常是由设备资料室或设备管理部门保管，均不纳入设备档案管理。

图10-1 设备的一生

设备档案是企业档案的重要组成部分，也是设备管理工作的重要组成部分。设备的正常运行及维护保养是设备管理工作的基本任务，对公司重要设备要建立设备的维修与保养档案，就好像我们每个人到医院看病要建立个人健康档案一样，里面详细记录着设备在使用过程中所发生的一切问题，便于掌握生产设备的使用状况，基本内容包括设备名称、编号、使用部门、故障原因、处理方法、更换配件名称等，具体内容见表10-3，这个设备履历卡详尽地记录了设备管理的整个过程。

表10-3 设备履历卡

设备名称		使用部门		售后服务点	
规格型号		安装位置		联系电话	
设备编号		启用日期		维修联系人	
耗电功率		设备价格		联系电话	
使用寿命		代理商		附件配备	1.
调备来源		新旧程度			2.
年度保养记录					
保养时间	保养项目		保养时间	保养项目	
年 月 日			年 月 日		
年 月 日			年 月 日		
年 月 日			年 月 日		
年 月 日			年 月 日		
维修记录					
维修时间	维修项目		维修时间	维修项目	
年 月 日			年 月 日		
年 月 日			年 月 日		
年 月 日			年 月 日		
年 月 日			年 月 日		
年 月 日			年 月 日		
年 月 日			年 月 日		

注：设备使用部门填写保养维修记录并保管此卡，设备管理部在增加新设备时填写基本信息并发出此卡。

第二节　设备的维护与保养

设备的维护与保养是由设备操作人员或专业维修人员在规定的时间内对生产运行参数、异常情况、异味、超负荷等问题要进行定时或不定时的检查，并及时做好清洁工作。

生产设备的日常保养是设备维护管理的基础，应制度化与规范化，并监督执行。通常设备保养分为三级保养制，具体分为一级保养、二级保养、三级保养，根据设备的设用情况和使用年限，实施全面的设备保养。

一、设备的一级保养

设备一级保养是指每日保养或开机保养，由生产设备操作人员在每天上班前对设备进行检查、清洁、润滑、校正等，以确保生产设备正常维护与运转。操作人员每日对设备进行一级保养，共有六项要求，分别是检查、清理、润滑、准备、校正、安全，一级保养项目与内容见表10–4。

表10–4　设备一级保养项目

一级保养项目	一级保养项目内容
常规关键项目检查	检查设备的电源开关、启动开关、线路等外部和内部情况
关键部位清理	清理滑动杆、齿轮、油箱、加油孔等设备上的脏污
设备润滑检查	设备开机前进行润滑，检查油路、有没有干磨现象
常规配件准备	设备易损零部件、工具、量具、夹具等确认及整理
设备仪表校正	设备运转前的仪表、参数的确认与校正
规范安全操作	严格按照操作规程，严禁超负荷使用，安全防护装置齐全

二、设备的二级保养

设备二级保养是由设备主管部门于每月末，依据相关设备年度维护保养计划，参照设备的特点及使用状况、产销目标、设备零件磨损情况等按设备月度保养计划报送企业领导审批后执行。

设备二级维护保养的范围包括企业所有相关生产设备，特别是精密高的、价值昂贵的重点设备，要进行严格检查和维护保养，目的是消除隐患，减少设备磨损和延长设备的使用寿命。

设备的二级保养通常是由专职的设备维修人员负责，由操作人员协助，对生产设备进行的周期性检查，原则上是每月一次，具体要根据企业的生产淡旺季进行。二级保养内容见表10–5。

表10–5 设备二级保养项目

序号	二级保养项目内容
1	设备紧固部位的间隙、松动调整，更换损坏的部件
2	疏通设备的油路、添加油量、清理过滤器、油管、油毡及润滑
3	设备指定部件的拆卸及清洗
4	清洗导轨、滑动或拉动杆等，清除毛刺及划痕
5	电控装置、线路、丝杆、油嘴等更换

三、设备的三级保养

设备三级保养是指由专职设备维修人员或设备供应商的专业维修人员对生产设备进行的检查、维护和保养。通常是根据企业生产设备运行特点或设备保养计划进行，一般以年度为周期对设备进行维护与保养，是以消除隐患为中心，以维修人员为主，操作人员协助，按照生产设备规定的保养内容及要求对设备进行年度检查维护、更换损坏部件，对设备电气系统进行检查、维修，保障生产设备的技术状况符合要求，并做好维护保养记录，由操作员进行验收，设备三级保养的主要内容见表10-6。

表10-6 设备三级保养项目

序号	三级保养项目内容
1	由专职设备维修人员对设备进行检查、拆解、维修更换损坏零部件
2	由供应商或专业人员，对设备主机进行检修、清洗、机油进行更换
3	由专职设备电气人员对设备控制器的检查和线路装置校正
4	由设备专职维修人员，对相关设备的仪表、焊接、切割、旋转、下料、显示屏进行精度校正

设备的二、三级保养要根据企业的年度生产设备维修保养计划进行月度或年度检查、维修、保养。年度设备维修保养计划表格式参考表10-7。

表10-7 设备年度维修保养计划

年 月 日

序号	设备编号	设备名称	使用部门	检修频率	检修内容	检修人员	部门确认	完成时间	备注

制订： 审核： 批准：

四、设备的操作规范

1. 设备操作规范内容要求

设备的操作规范是指对操作者正确操作设备的有关规定和流程，各类设备的结构不同，设备的操作要求也不同。编制设备操作规范时，应以制造厂商的设备说明书的内容为主，设备操作规范必须包含以下内容。

（1）设备的主要性能、规格、允许的最大负荷。

（2）正确操作的方法、操作步骤和操作要领及注意事项。

（3）保证设备与人员安全的注意事项，对可能出现异常状况的处理方法与步骤。

（4）设备清扫、润滑和检查的方法与要求。

（5）设备运行中常见故障的排除方法。

2. 设备操作规范使用要求

设备的操作规范是对操作者使用设备有关要求的规定，要求操作者必须经过设备操作规范的培训，经过考核合格并获得上岗证后，方可上机操作；操作者不准超负荷使用设备，要遵守设备交接班制度。设备操作规范应包含以下事项。

（1）设备构造简图和主要技术要求。

（2）设备润滑部位、油质标准和润滑“八定”（定人、定点、定量、定周期、定标准、定计划、定记录、定流程）。

（3）主要部位的运行参数、调整范围，如温度、速度、精度、压力、各部位允许的间隙等。

（4）常见故障及排除方法。

第三节 治工具的管理

治工具管理直接影响班组的工作效率以及班组的成本控制，但很多班组不重视治工具的管理，在治工具管理中常见的问题有：存放混乱、随意、用时难找等，直接影响工作效率；治工具取用容易，归还难，治工具越用越少；操作人员对治工具的保养意识差，治工具损坏严重等。对班组的治工具管理，要引起班组长的足够重视。

一、治工具的领用

班组应建立治工具领用登记制度，记录操作人员领用治工具的型号、数量、名称、规格、日期，并且应根据工艺文件的规定，不得多领，也不能少领，更不能乱领，个人领用时应办理领用手续，并进行登记，用后及时归还，具体操作见表10–8。

表10–8 治工具领用登记

序号	工具名称	工具编号	工位名称	领用人	领用时期	领用数量	使用部门	保管人	借用人	归还日期

二、治工具的使用要求

治工具的使用应按工艺指导书的要求，在工具强度、性能允许的范围内使用。严禁违规使用，不容许专用工具代替普通工具；避免“精具粗用”造成工具的使用浪费；在使用治工具过程中注意保持精度和所保用的条件。

三、治工具保管要求

治工具应放在固定的保管场所，有精密度要求的治工具应按规定进行支撑、垫靠；工具箱要摆放整齐、清洁、定位摆放，开箱有数量、做好账物相符，无关的物品特别是个人物品不允许放在工具箱内，使用完毕后应进行油封或粉封，防止生锈变形；长期不用的治工具应交班组统一管理。

四、治工具的清点与校验

由于治工具在生产过程中使用频繁，而且使用场所经常变化，容易造成不同工作场所相互误用或误收管，因此，每天每班组应核对工具箱一次，以保持治工具账物相符。

对贵重或精密度要求高的治工具要特殊对待，切记做好保管工作，定期清洁、校验精度、轻拿轻放，量具要做好定期检查与校准工作，保持治工具处于良好的使用状态。

五、治工具维修与报废

治工具都有一定寿命，正常磨损难以避免，但凡能修复使用的治工具，应及时采取维修措施恢复其原有的性能，如刀具的磨损、量具的维修等，对于不能修复的治工具，在定额的范围内办理报废手续，并以旧换新或重新订购。

班组还应协助好专用治工具的试验工作，对于专用治工具提出修改意见，对违规操作规程造成治工具报废的情况，要查明原因，追究使用者的责任。

第十一章
班组的成本管理

班组是企业的基本单元，做好班组的成本管理，可以从最根本上节约开支，以最小的费用支出，取得最大化的经济利益。在班组成本管理过程中除了做好费用的预算、费用的控制之外，还要转变管理的理念，充分调动员工的积极性，培养员工的主人翁精神，使全体员工参与班组的成本管理。

第一节　班组成本的构成及控制思路

班组成本是在班组产品生产过程中所直接发生的材料成本、人工成本和其他制造费用组成，它是计算生产车间成本的基础，加强班组成本的核算与管理，可以帮助班组员工养成精打细算、厉行节约、杜绝浪费、降低生产成本，为企业获取更多的利润空间，尤其是当今微利的时代，拼的就是谁的成本更低。

一、班组成本的构成

班组成本主要由直接材料成本、直接人工成本和制造费用三大部分构成。

1. 直接材料成本

（1）原材料成本。

（2）燃料动力成本。

（3）包装材料成本。

（4）外购半成品成本。

（5）机器备品备件成本。

（6）辅助低值易耗品等成本。

2. 直接人工成本

（1）班组人员计时或计件工资、奖金。

（2）班组人员的社保及各种福利费用。

3. 制造费用

是指企业为组织和管理生产经营所发生的费用，主要包括：

（1）生产管理人员的工资与福利。

（2）生产设备的折旧与维修费用。

（3）生产系统办公与通信费用。

（4）水电费。

（5）外部加工费。

（6）劳保费用。

（7）外包劳务费。

（8）产品检验检测。

（9）机物料消耗费。

（10）差旅费。

二、班组成本控制的步骤

在整个成本控制过程中，班组长负责对班组生产成本的控制，班组长要充分了解班组成本控制步骤，使各个环节的实际成本低于目标成本，具体班组成本控制步骤如图11-1班组成本控制流程图所示。

1．目标成本是班组成本控制标准，一般由集团每年年底在做集团公司来年预算时，根据以往成本控制的情况数据，来确定各班组的目标控制成本标准，并下发各班组遵照执行。

2．班组成本核算是在每个月末，在完成本月所有产品生产后，由财务部门根据各班组实际发生各项数据，对主要产品单位成本等核算，通过核算了解各班组实际成本，为成本分析、改进提供数据信息。

3．班组成本差异分析是将班组实际成本与目标成本进行比较，发现差异并分析差异产生的各种原因，制订控制和降低实际成本的具体措施。

4．在进行班组月底成本核算后，由班组长组织班组各个成员，共同落实降低成本的措施，并做好有关记录，不断总结经验来优化班组实际成本，达到公司控制目标成本要求，具体参照图11-1班组成本控制流程图所示。

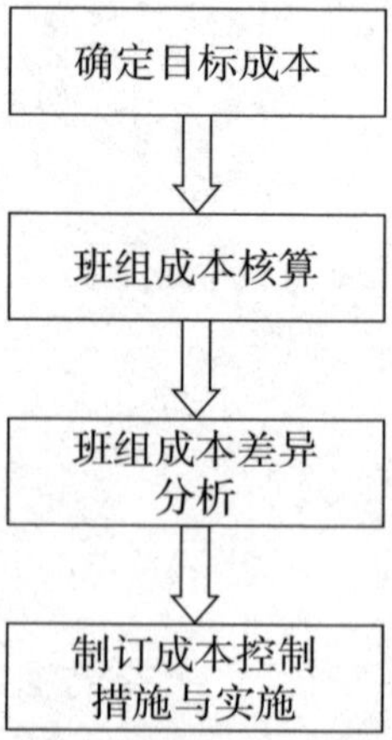

图11-1　班组成本控制流程图

三、班组成本控制的主要方向

生产班组的成本控制贯穿于生产过程的各个环节，与每个班组员工的生产和工作方式息息相关，因此，每个班组均应找出成本控制方法，对班组全体员工进行成本控制要求与方法的培训，要求每个组员均参与到班组成本控制，具体控制方法如下。

1. 提高产品质量，降低废品率

（1）各生产班组要严格执行操作规程，加强工序间检验，防止不合格品的产生，降低废品率。

（2）各生产班组加强对不合格品的返工与返修，减少报废数量。

（3）通过采用新设备、新工艺、新方法，不断改进工艺技术操作方法，提高生产能力，增加产量，降低单个产品的生产成本。

2. 做好设备保养，提高设备利用率

（1）各班组合理安排生产计划，提高现有设备的利用率，降低单位产品的设备折旧费和维修费用。

（2）要求设备操作者做好设备的保养，减少设备的故障率，提高设备产出效率。

（3）建议选用生产效率高、使用成本低的设备。

3. 降低原材料的损耗

（1）选用新材料替代旧材料，降低原材料成本。

（2）加强公司内外部物流管理，减少运输过程和库存的损耗。

（3）做好原材料定额损耗标准，按标准发放物料，提高原材料利用率。

（4）积极配合设计部门进行产品设计变更，选用合理的原材料和生

产工艺，以降低原材料和生产工艺成本。

（5）加强各班组原材料使用情况的考核与分析，实行节约奖励制度。

4. 提高劳动生产率

（1）加强员工培训，提高员工操作熟练度，增加产量，减少单位产品的成本。

（2）进行班组人员的合理分工与安排，减少非生产人员的使用。

（3）与生产计划部门进行协调，合理安排生产计划，提高员工产出率。

5. 加强班组安全管理，降低事故率

（1）在班组进行三级安全教育，提高员工安全意识，减少安全事故的发生。

（2）加强班组安全检查，杜绝安全事故的发生。

（3）制订设备及工艺安全操作规程，要求员工按安全规程操作。

（4）进行各班组安全检查与评价，执行安全检查奖罚制度，提高安全意识。

6. 减少非生产性支出

（1）在保证班组正常工作的情况下，尽力压缩一些不必要的开支，精打细算，节约开支，促进成本降低，如减少员工加班、控制非生产状况的水电使用等。

（2）减少低值易耗品的使用量。

7. 使用先进的管理技术与方法

（1）进行全面质量管理。

（2）采用IE工业工程技术，动作经济原则等现代生产活动的标准化、科学化的管理方法。

（3）采用以班组为单位的阿米巴独立核算的经营方法。

第二节　物料成本、人工成本及制造费用的控制方法

一、班组物料成本的构成

班组物料成本是指班组在生产过程中所消耗的物料成本，如原材料、包装材料、辅助材较、低值易耗品等，物料成本构成如图11–2物料成本构成图所示。

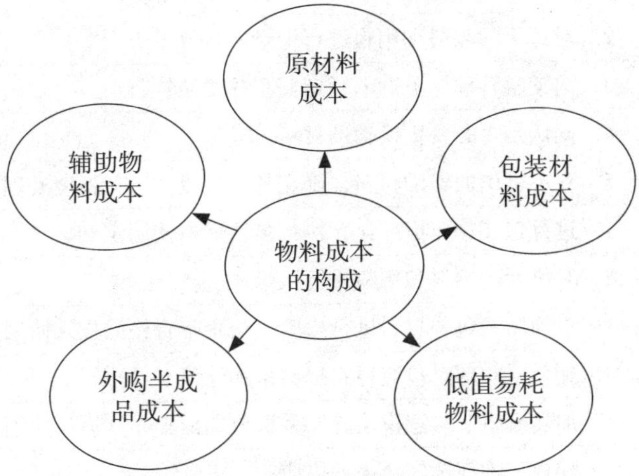

图11–2　物料成本构成图

二、物料成本的控制

为了降低生产过程中的物料成本，达到生产物料目标成本的要求，对生产中原材料、辅助材料、包装物料、外购半成品及低值易耗物料等分类进行管控，按表11–1物料成本关键控制措施表进行控制。

表11–1　物料成本关键控制措施表

物料类别	关键控制措施
原材料	1．按规范操作，按定额使用原材料
	2．对每天的领料和用料进行记录
	3．督促作业员自检与互检，减少品质问题所造成的损耗
	4．向物料控制员下达各环节物料消耗定额
	5．对废料进行回收利用或退回仓库
	6．配合技术人员优化产品设计、调整与改良工艺
	7．统计原材料实际消耗，进行班组考核奖罚
	8．定期总结与分析，改进原材料的控制方法
辅助材料	1．督促现场作业人员按辅助材料使用标准作业
	2．对每天的领料和用料进行记录
	3．向辅料管理员下达消耗定额，并遵照执行
	4．确认是否必要更换辅助材料
	5．对不可用的辅助材料，确定是否回收或进行报废处理
包装材料	1．进行包装作业标准化，执行包装材料使用定额
	2．对每天的领料和用料进行记录
	3．对领用的包装材料进行检验，防止不合格品投入使用
	4．配合采购部对包装材料提出采购建议
	5．加强班组节约意识培养，采取节约措施，如循环使用
外购半成品	1．配合采购部选好合格的供应商
	2．每天做好外购半成品的领用记录
	3．按外购条件制订外购半成品需求计划
	4．对外购半成品进行检验，防止不合格外购半成品投入使用
	5．督促作业员按标准作业，对不熟练人员进行培训、指导与考核
低值易耗品	1．确定低值易耗品消耗定额，并遵照执行
	2．采取以旧换新方式进行领用控制
	3．每天做好低值易耗品的领用记录
	4．班组长每天进行车间巡查，发现多余一律上交

三、人工成本的控制

班组人工成本是指为了日常生产经营所需的人力资源，并在使用过程中及人员离职后所产生的所有费用支出，具体包括招聘、录用、教育、培训、使用、管理、社保、福利等各项费用。

1. 人工成本分类

根据人员从进入班组到离开班组整个过程中所发生的人力资源工作事项，可将人工成本分为人员取得成本、人员开发成本、人员使用成本与人员离职成本四大类。

（1）人工取得成本是指班组在招聘和录取员工的过程中发生的费用，包括招聘成本、选择成本、录用成本与安置成本。

（2）人员开发成本是指为提高班组员工的能力、工作效率及综合素质而发生的支出或付出的代价，主要包括岗前教育费、在岗培训费和脱岗培训费等。

（3）人员使用成本是指班组在使用员工的过程中发生的支出，主要包括工资、奖金、津贴、补贴、社会保险费用、福利费用、劳动保护费用、年终奖金与分红等。

（4）人员离职成本是指企业在班组员工离职时可能给班组员工的离职津贴、一定时期的生活费、离职交通费等费用，主要包括解聘、辞退费用及工作暂停造成的损失等。

人工成本的关键控制措施参照表11–2人工成本关键控制措施表。

表11-2　人工成本关键控制措施表

人工成本类别	关键控制措施
人员取得成本	1. 合理配置班组人员，避免人浮于事
	2. 配合人力资源部工作，减少招聘费用
	3. 提供有效建议，减少人员选择成本
	4. 指定专人接待工作，降低安置成本
人员开发成本	1. 制订并落实培训预算，控制人员培训成本
	2. 班组人员培训遵守实用、实时、时效与发展性原则
	3. 合理选择新员工入职培训方式，降低新员工培训费用
	4. 合理选择在职员工培训方式，降低在职员工培训费用
	5. 实施培训过程监控，保证培训效果
人员使用成本	1. 进行班组减员增效
	2. 实行班组人员定岗定编
	3. 提高班组劳动生产效率
	4. 控制班组工资总量，搞活内部分配
	5. 加强员工培训，提高班组人员素质
人员离职成本	1. 关注员工工作动态，特别是关键岗位的人员，降低离职风险
	2. 关注员工离职带来的隐性成本
	3. 对不得不离职人员要确保合法性，减少违约成本

四、制造费用的控制

制造费用是企业为生产产品和提供劳务而发生的各项间接成本，包括产品生产成本中除直接材料和直接生产人工费用以外的一切生产成本，一般制造费用包括：生产管理人员的工资及福利、生产设备的折旧与维修费、水电气等能源费用、外发加工费、生产办公费与通讯费、机物料消耗费用等，制造费用的主要控制措施参照表11-3制造费用关键控制措施表。

表11–3　制造费用关键控制措施表

制造费用类别	关键控制措施
生产管理人员的工资及福利	1. 合理配置生产管理人员，避免人浮于事
	2. 实施减员增效
	3. 加强生产管理人员培训，提升管理技能，达到精细化管理
	4. 进行生产管理人员绩效考核与分析总结
水电气等能源费用	1. 制定水电气的规范使用标准，给班组配给定额消耗指标
	2. 进行班组人员对水电气节约使用方法的培训并督导执行
	3. 班组开展日常使用情况检查，杜绝浪费，发现问题立即整改
	4. 每月对水电气使用数据进行统计分析，找出问题
机物料消耗费用	1. 制定机物料消耗计划，并监督执行
	2. 制定生产设备保养规范，要求操作员遵照执行
	3. 班组每天检查并记录机物料领用情况，以旧换新
	4. 仓库严格控制机物料库存及领用的必要性
	5. 进行月度统计与分析机物料的使用情况与总结分析
外发加工费	1. 配合采购部选好合格的外发供应商，保证外发加工件质量
	2. 每天做好外发加工产品的收与发，防止出现数量差异
	3. 对外发加工件进行检验，防止不合格外发加工件投入使用
	4. 每月统计外发加工的数量与金额，找出问题进行改善

后　记

中国改革开放已四十年，制造行业经历了快速发展期，目前经济正处于转型期，企业面临着材料成本上涨、用人成本上涨、厂房租金上涨等诸多成本上涨压力，部分地区因成本上涨出现了工厂企业搬迁潮，以降低运营成本，在夹缝中求生存。因而未来的企业谁的自动化程度高、用人少将成为一大竞争优势。

回想当年南下广东，想要进工厂就业，每天必须站在工厂门口排在长长的队伍中，等待用人企业的面试，更有甚者，有时为了进厂，还要托人"走后门"，还要支付介绍费才能找到一份工作。现如今，每家企业门口均打出招聘广告，而来面试者少之又少，简直可称为"门可罗雀"，现在企业只要能招到员工，就算是非常有竞争力的企业。

感慨自己进入广东这片改革开放的前沿阵地已有三十余载，从事培训与咨询行业已有二十余年，见证了制造行业的兴盛与转型。本人一直热衷于企业基层团队建设，二十年来一直非常喜欢企业班组长的培训，一直致力于企业班组建设，我始终认为基层班组长是企业最基层"带兵人"，"基础不牢，地动山摇"，"万丈高楼平地起"，只有基层团队稳定了，企业才能走得更快。

2018年该书首次出版，得到读者的好评，我也收到读者多封来信。2021年中华工商联合出版社李红霞老师告诉我首版无库存，要求根据时代变化修订内容再版。我欣然应允。希望新版图书能帮助读者，也希望读者提出更好的建议。

最后，感谢广州道为管理咨询公司总经理朱先春及中华工商联合出版社李红霞老师，谢谢他们的"督促"和指导！

代启耀

2018年12月